VOL.34

Dados de Catalogação na Publicação (CIP) Internacional
(Câmara Brasileira do Livro, SP, Brasil)

G995e

Gutiérrez, Francisco.
Educação como práxis política / Francisco Gutiérrez ; tradução de Antonio Negrino. — São Paulo : Summus, 1988.
(Novas buscas em educação ; v. 34)

Bibliografia.

1. Política e educação 2. Sociologia educacional I. Título. II. Série.

CDD-379
-370.193

88-1386

Índices para catálogo sistemático:
1. Educação e política 379
2. Educação e sociedade 370.193

EDUCAÇÃO COMO PRÁXIS POLÍTICA

francisco gutiérrez

Do original em língua espanhola
Educación como Praxis Política
Copyright © 1984 by Francisco Gutiérrez

Tradução de:
Antonio Negrini

Capa de:
Edith Derdyk

Direção da Coleção:
Fanny Abramovich

Proibida a reprodução total ou parcial
deste livro, por qualquer meio e sistema,
sem o prévio consentimento da Editora.

Direitos para a língua portuguesa
adquiridos por
SUMMUS EDITORIAL LTDA.
que se reserva a propriedade desta tradução.
Rua Itapicuru, 613 – cj. 72
05006-000 – São Paulo, SP
Tel.: (11) 3872-3322
Fax: (11) 3872-7476
http://www.summus.com.br
e-mail: summus@summus.com.br

Impresso no Brasil

NOVAS BUSCAS EM EDUCAÇÃO

Esta coleção está preocupada fundamentalmente com um aluno vivo, inquieto e participante; com um professor que não tema suas próprias dúvidas; e com uma escola aberta, viva, posta no mundo e ciente de que estamos chegando ao século XXI.

Neste sentido, é preciso repensar o processo educacional. É preciso preparar a pessoa para a vida e não para o mero acúmulo de informações.

A postura acadêmica do professor não está garantindo maior mobilidade à agilidade do aluno (tenha ele a idade que tiver). Assim, é preciso trabalhar o aluno como uma pessoa inteira, com sua afetividade, suas percepções, sua expressão, seus sentidos, sua crítica, sua criatividade...

Algo deve ser feito para que o aluno possa ampliar seus referenciais do mundo e trabalhar, simultaneamente, com todas as linguagens (escrita, sonora, dramática, cinematográfica, corporal etc.).

A derrubada dos muros da escola poderá integrar a educação ao espaço vivificante do mundo e ajudará o aluno a construir sua própria visão do universo.

É fundamental que se questione mais sobre educação. Para isto, deve-se estar mais aberto, mais inquieto, mais vivo, mais poroso, mais ligado, refletindo sobre o nosso cotidiano pedagógico e se perguntando sobre o seu futuro.

É necessário nos instrumentarmos com os processos vividos pelos outros educadores como contraponto aos nossos, tomarmos contato com experiências mais antigas mas que permanecem inquietantes, pesquisarmos o que vem se propondo em termos de educação (dentro e fora da escola) no Brasil e no mundo.

A coleção *Novas Buscas em Educação* pretende ajudar a repensar velhos problemas ou novas dúvidas, que coloquem num outro prisma preocupações irresolvidas de todos aqueles envolvidos em educação: pais, educadores, estudantes, comunicadores, psicólogos, fonoaudiólogos, assistentes sociais e, sobretudo, professores... Pretende servir a todos aqueles que saibam que o único compromisso do educador é com a dinâmica e que uma postura estática é a garantia do não-crescimento daquele a quem se propõe educar.

ÍNDICE

Prólogo 9

Introdução 11

PRIMEIRA PARTE — UM PROJETO ALTERNATIVO EM EDUCAÇÃO

1. A Educação como Ação Política Explícita e Consciente ... 17
   I. Atividade Político-pedagógica, 17; II. Inculcação Ideológica, 24; III. O Docente como Instrumento de Ação Política, 41.

2. A Educação como Projeto Político 47
   I. Projeto Político Alternativo, 47; II. O Homem Novo, 52; III. Uma Nova Sociedade, 66.

SEGUNDA PARTE — CARACTERÍSTICAS DA EDUCAÇÃO INERENTES AO PROJETO EDUCATIVO

3. Educação Participativa 73
   I. Educar na Comunicação Dialógica, 74; II. Educar na Participação Democrática, 80; III. Educar na Autogestão, 86.

4. A Educação Socialmente Produtiva 92
   I. Educar no Trabalho, 93; II. Educar na Criatividade, 99; Educar na Práxis, 106.

5. Educação Libertadora 109
   I. Educar na Liberdade, 110; II. Educar na Justiça, 115; III. Educar na Esperança, 118

PRÓLOGO

Conheci Francisco Gutiérrez há 12 ou 13 anos, pela leitura daquele que acredito tenha sido seu primeiro livro. Depois, conheci-o pessoalmente em Lima. Recordo-me entretanto da boa impressão que seu livro me deixou, apesar da ingenuidade, cometida por mim anteriormente, de discutir a educação sem perceber que, ao fazê-lo, é impossível escapar das questões do poder.

O que ocorre, na verdade, é que há politização no processo educacional, assim como há um processo educativo no ato político, sem que aquele ou este esgotem a compreensão crítica de um e de outro.

Não há prática educacional neutra, nem prática política por si mesma. Portanto, o educador deve se perguntar a favor do que e de quem está a serviço; por conseguinte, contra o que e contra quem deve lutar, dentro de suas possibilidades e do processo de sua prática.

Uma coisa, entretanto, me parece bastante clara e perceptível no primeiro livro de Gutiérrez: sua insatisfação frente a certas análises que fazia, apesar da coragem de correr riscos e da tentativa de superar-se a si mesmo. Essa impressão que seu primeiro livro me deixou acabou sendo confirmada durante nossa fraterna conversa em Lima. De fato, naquele livro Francisco Gutiérrez não havia sido "um ingênuo astuto". Sua ingenuidade era "inocente", assim como a minha havia sido em certos momentos mais frágeis de meus trabalhos. Não revelava a "esperteza" dos que insistem, por exemplo, na neutralidade da educação como uma tática de luta.

Os representantes das classes dominantes, agrupados como tais, necessitam decretar conscientemente a neutralidade não só da educação como também da ciência em geral, da tecnologia; "todas", dizem com astúcia, "servem ao bem geral da humanidade".

Quanto mais se proclama a neutralidade da formação, exaltando-se a necessidade de uma competência técnica e científica sem cor político-ideológica, tanto mais trabalha-se para a "ordem estabelecida". E é isto o que Gutiérrez não faz. Superando-se sempre frente a reflexões que ilumina para melhor compreendê-las, ele hoje nos oferece um novo livro, com alto nível crítico, em que experimenta — como talvez não se tenha feito até agora — o dialético entre a denúncia e o anúncio.

Educação como Práxis Política é um livro para ser seriamente estudado e não simplesmente lido.

São Paulo, dezembro de 1982

Paulo Freire

INTRODUÇÃO

Neste ensaio sustentamos a hipótese de que uma das principais causas do desvirtuamento, deterioração, ineficiência e fracasso do sistema de ensino reside no fato de que, intencional e sistematicamente, não se tem querido reconhecer sua dimensão e caráter políticos. Com efeito, a análise do conteúdo e dos resultados das reformas educativas já realizadas demonstra o caráter tecnocrático das mesmas, sua preeminência utilitarista, sua neutralidade e "apoliticidade" enganadoras.

Acreditamos que só mediante a ação político-pedagógica é que se poderá tirar a educação do atoleiro em que ela se encontra. A dimensão política, longe de contaminar e "danificar" o processo educativo, antes ajuda a convertê-lo em um poderoso agente de transformação da realidade social. É evidente que o homem que temos de formar não é esse ser abstrato e "puro" que vem sendo formado até agora. O homem que devemos formar é um ser relacional, condicionado política, social e economicamente por uma sociedade cheia de contradições. Vista desse ângulo, a dimensão política da educação de modo algum pode ser "perigosa". Ao contrário, a ausência dessa dimensão é, de acordo com nossa hipótese, a causa da deterioração e do desvirtuamento do sistema educativo.

Enquanto não resolvermos esta "apoliticidade" da educação, é muito pouco o que podemos esperar do aperfeiçoamento técnico-pedagógico do sistema. Mais que isso: a ação puramente pedagógica entrou em uma espiral de decomposição e irracionalidade tais, que os próprios "responsáveis" pelo sistema estão assustados com os pobres e míseros resultados da pura e simples transferência de conhecimentos.[1] A deterioração educacional está conduzindo-nos a

---

1. O que ensinar e como ensinar não tem maior significado se ignorarmos a estrutura social em que o ensino se dá. Devemos principiar avaliando

um beco sem saída. Não nos é permitido, por ser considerado irracional e absurdo, empreendermos uma "inversão improdutiva" de grande parte do orçamento de nossos países. Esta realidade nos obriga a pôr no banco dos réus não a escola, mas a educação tal como foi concebida até agora. A educação tradicional, por mais renovações a que seja submetida, é uma impossibilidade pedagógica, um desperdício econômico e um engano frustrante para uma alta porcentagem da população.

Fazer do projeto educacional um projeto político é variar substancialmente o conceito tradicional da educação, é colocá-la a serviço do desenvolvimento social e não só do desenvolvimento econômico de alguns grupos, é colaborar com a concretização do projeto histórico nacional.

O fato de o desenvolvimento educacional ser um dos aspectos medulares da conformação da sociedade político-democrática e, em conseqüência, a educação configurar-se como a forja da democracia, não invalida a hipótese que sustentamos, pela qual é necessário que sejamos críticos em relação ao "mito escola".

Sem negar a estreita vinculação entre educação e formação democrática, é preciso dar um passo adiante. Não é suficiente essa democracia representativa repleta de vícios. Uma democracia que reduziu "os direitos políticos do educador, como os do *gendarme*,* à livre emissão do voto pessoal no momento oportuno, é uma pobre democracia".[2]

A participação política é um direito que todo cidadão pode e deve exercer. Fazer política é inerente ao ser mesmo do homem, é essencial a suas atividades porque é uma dimensão da vida pessoal e social, e também porque — como assegura Garaudy — o homem sente-se preso a uma rede social que o condiciona em sua forma de pensar, em seu trabalho, em suas diversões, em sua família e em seu lar, enfim em todas as possibilidades de viver uma vida humana ou desumana.

---

até onde o que ensinamos serve para afiançar o sistema ou ajudar a remover os obstáculos que se opõem à concretização de estruturas mais justas.

* Gendarme: soldado de um corpo especialmente encarregado de manter a ordem pública, em particular nas províncias da França e de alguns outros países (do francês, *gendarme*). (N.T.)

2. "A escola, se prepara cidadãos para a gestão dessa democracia, assiste ao parto de um monstro. A escola deve preparar para outra democracia" (Omar Dengo).

A política,[3] como uma das mais importantes dimensões do ser humano, deve ser parte integrante do processo educativo, se é que queremos que o homem desenvolva capacidades para edificar sua própria personalidade e para realizar-se como tal na realização mesma da sociedade.

Restringir a ação política é fazer do homem um autômato a serviço de interesses alheios, porque significa renunciar à responsabilidade que nos cabe na construção da sociedade; porque é produzir sem chegar a conhecer os resultados e a divisão dos bens produzidos; porque é converter-se em objeto das decisões políticas daqueles que estão acima dele; porque é legitimar a ordem existente; porque é, enfim, converter-se em um cidadão passivo e diminuído, sem capacidade nem possibilidade de participar da construção da república.

Em países onde as decisões políticas são privilégio quase exclusivo dos partidos políticos e, dentro dos partidos, prerrogativa das elites, onde o povo só pode ser ouvido e só pode atuar por meio de seus "representantes", de modo algum pode-se falar em uma participação político-democrática real. Se as municipalidades, os organismos autônomos, os sindicatos, as instituições — incluída a família, a escola, a universidade, a igreja — não têm participação política, não tardará a deteriorar-se a vida democrática e corromper-se o poder político. Em uma situação desse tipo poderá ocorrer, no melhor dos casos, um governo para o povo, mas jamais um governo do povo.

Uma sociedade que reduziu sua democracia à mera representatividade está politicamente doente. Segundo Garaudy, o confisco por parte das autoridades e dos poderes estabelecidos, das iniciativas, das responsabilidades da criatividade e do profetismo das bases são sintomas claríssimos da gravidade da doença.

Doença que tem sua sustentação no sistema educativo, e por meio da qual está sendo minada a saúde de todo o corpo social.

---

3. Por política entendemos, neste ensaio, o tomar partido frente à realidade social, não permanecer indiferente diante da injustiça, da liberdade desprezada, dos direitos humanos violados, do trabalhador explorado; descobrir nos estudantes o gosto pela liberdade de espírito e despertar neles a vontade de resolver os problemas do conjunto, estimulando-os a desenvolver o sentimento de que são responsáveis pelo mundo e pelo seu destino, encaminhando-os a uma ação militante. (Para uma explicação mais detalhada, veja-se o primeiro capítulo.)

A cura não pode vir apenas de mais uma reforma do sistema de ensino, mas sim de um projeto social alternativo, no qual o sistema educacional esteja implicado na gestão de uma sociedade fundamentada em uma nova ordem econômica, na solidariedade e na participação progressiva do trabalhador relativamente à divisão dos produtos do trabalho e em uma organização política que possibilite o incremento das decisões populares e do controle direto do poder pelos próprios cidadãos.

Conscientes de que os males que afligem o sistema de ensino podem ser remediados, fazendo-se da educação uma ação política, propomos na primeira parte deste ensaio as linhas básicas de um projeto alternativo. Na segunda, esboçamos as características da educação inerentes ao projeto. Acreditamos que educar no diálogo, na participação democrática, na autogestão, na criatividade, no trabalho, na práxis, na liberdade, na justiça e na esperança é educar politicamente. Apenas uma educação com essas características seria uma resposta válida ao alarme de Wells: educação ou catástrofe. As reflexões que se seguem pretendem ser uma aproximação desta resposta.

PRIMEIRA PARTE

UM PROJETO ALTERNATIVO EM EDUCAÇÃO

1. A EDUCAÇÃO COMO AÇÃO POLÍTICA EXPLÍCITA E CONSCIENTE

> Na verdade, nenhuma sociedade se organiza a partir da existência prévia de um sistema educativo, o que implicaria na tarefa de concretizar um certo perfil ou tipo de ser humano que, na seqüência, poria a sociedade em marcha. Pelo contrário, o sistema educativo se faz e se refaz no seio mesmo da experiência prática de uma sociedade.
>
> *P. Freire*

I. ATIVIDADE POLÍTICO-PEDAGÓGICA

> A escola define-se como o instrumento de uma política.
>
> *A. Gras*

A escola é a instituição social que, por sua natureza, suas funções e estrutura, cumpre como nenhuma outra objetivos políticos. O sistema escolar, de qualquer sociedade, é o reflexo fiel da política e da ideologia dos grupos governantes e dos partidos políticos no poder.

Se uma sociedade evolui, o sistema educacional tende a evoluir com ela; se uma sociedade entra em crise, muito rapidamente a escola refletirá essa mesma crise. Este não é um fenômeno novo. Esparta, Atenas, Roma e outros povos da Antigüidade já o viveram. "A educação dispensada em Esparta era a da civilização lacedemônia criando espartanos para a cidade lacônia; a educação ateniense, nos tempos de Péricles, era a civilização ateniense criando homens conforme o tipo ideal de homem concebido por Atenas naquela época".[1] Roma preparou agricultores, políticos e guerreiros

---

1. É. Durkheim, *Educación y Sociologia*. Barcelona, Península, 1975, p. 14.

conforme as necessidades da Roma imperialista. A Idade Média, o Império e a República tiveram seus sistemas educacionais peculiares, de acordo com as idéias políticas dominantes em cada uma dessas épocas. Hoje, falamos de educação liberal, funcionalista ou socialista, em conformidade com a ideologia e com as políticas de cada uma das nossas sociedades.

O tipo de homem que se busca nas sociedades capitalistas difere profundamente do que se pretende nas sociedades socialistas. Os objetivos e as funções da escola no Chile de Pinochet são diametralmente opostos àqueles que pretende alcançar a escola cubana. Tanto em uma como em outra sociedade trata-se de controlar a socialização das crianças e dos jovens sob padrões clara e deliberamente prefixados. Ocorre inexoravelmente, tal como assinalou Marx, que a classe detentora do poder na sociedade é também detentora do controle cultural e dos aparatos educativos. Isto explica o porquê desses aparatos constituírem o campo de batalha que consolida o tipo de sociedade que se quer reproduzir e perpetuar.

"No primeiro congresso de docentes soviéticos de 1918, Lenin afirmava que a vitória da Revolução só seria consolidada pela escola"[2] e "Nietzsche, o apocalíptico, anunciava com clara evidência que chegaria um dia em que a grande política trataria sobretudo de problemas da educação".[3] Um educador definitivamente conservador em sua concepção política, como A. S. Neill, deixou escrito: "Como nação (refere-se à Inglaterra) nos vangloriamos pelo fato de termos afastado a política das escolas, mas nossas escolas são pura política, e de um tipo equivocado, tanto que não podemos reformar a educação enquanto ela fizer parte do atual sistema capitalista".[4] Fidel Castro disse com clareza política meridiana que "o objetivo do plano de aperfeiçoamento do sistema educacional é adequar a educação à sociedade que estamos construindo".[5] Em contraposição a alguns objetivos

---

2. A. Gras, *Sociologia de la Educación*. Madri, Narcea Ediciones, 1976, p. 122.

3. C. Díaz, *No hay Escuela Neutral*. Madri, Editorial Zero, 1975, p. 10.

4. "A educação governamental não poderá ser livre até que as normas do capitalismo sejam derrotadas e até que os trabalhadores possuam os meios para a produção. Nossos governantes bem sabem que se a educação liberasse o coração, os trabalhadores deste país varreriam todo este sistema podre" (A. S. Neill, *Maestros Problema*, México, Editores Mexicanos Unidos, 1975, p. 31).

5. M. Carnoy e J. Whertein, *Cuba: Cambio Económico y Reforma Educativa* (1955-1978). México, Nueva Imagem, 1980, p. 105.

da esquerda reformista da América Latina, que ignorou o fato de a hegemonia implicar na subordinação da pedagogia à política e não vice-versa, temos países como Cuba, Peru e Nicarágua que souberam aproveitar a conjuntura histórica para politizar o sistema educacional de acordo com a estrutura sócio-política. A mesma ira de I. Ilich contra a escola não é senão uma simples confirmação da importância política do sistema escolar nas sociedades consumistas. O sistema escolar tem sido, e é, um dos elementos-chave da estrutura social de qualquer país, seja ele desenvolvido ou subdesenvolvido, do Norte ou do Sul, do Oriente ou do Ocidente. Mas se esta incidência da política na educação sempre existiu, nos dias de hoje os poderes da escola são muito mais significativos do que em qualquer outra época. Seus tentáculos conseguiram penetrar todos os setores da realidade social.

A esta altura do século torna-se impossível, até para educadores medianamente conscientes, desligar as implicações econômicas, sociais e políticas de suas atividades pedagógicas. Sociólogos e educadores de diferentes tendências estão de acordo que já não há motivo para pretender ocultar um fato tão evidente e tão essencial para a compreensão exata do fato educativo. Educar é, portanto, socializar, preparar indivíduos para uma sociedade concreta e ideologicamente definida.

Essa socialização ocorre em um duplo sentido: "Satisfazendo a necessidade não só de ensinar os diferentes modos, valores e formas de vida existentes na sociedade, mas também de assim regular o comportamento de seus membros. Relativamente ao primeiro aspecto, a educação é a manifestação institucionalizada do fenômeno da socialização; relativamente ao segundo, a educação é um importante meio de controle social".[6] Ambas as funções, a socialização e o controle social, são funções nitidamente políticas. Ambas são, por um lado, o reflexo da ideologia e, por outro, conseqüência das demandas sócio-econômicas de uma determinada sociedade.

Por isso é que muitos sociólogos, seguindo Émile Durkheim, insistem hoje no aspecto socializador da educação. Mesmo Ortega y Gasset definia a pedagogia como a ciência capaz de transformar a sociedade. Assim como o sistema educacional é produto de uma sociedade concreta e determinada, de maneira idêntica a sociedade encontra no sistema educacional a forma mais natural para perpetuar-se e

---

6. A. Gras, *op. cit.*, p. 330.

reproduzir-se. Essa é a razão pela qual o "sistema educacional se impõe aos indivíduos com uma força geralmente irresistível".[7]

O interesse — às vezes manifesto — de políticos e ideólogos é que os estudantes saiam da instituição escolar não apenas preparados para as funções que terão de desempenhar no contexto social (socialização funcionalista), mas também, e sobretudo, perfeitamente harmonizados com a concepção de mundo, com o tipo de homem e sistema social mais próximos da ideologia que sustentam.

Contrariando uma crença geralmente aceita, inclusive pelos próprios educadores, o objetivo primordial da escola não é a transferência de conhecimentos, nem a capacitação para um emprego ou ofício; "não é o ensinar, cultivar, formar, transmitir isto ou aquilo. O de ensinar é uma função instrumental; constitui o meio pelo qual a escola desempenha suas funções centrais".[8] A função prioritária da escola é sua função político-social.[9]

Em primeira instância, procura inculcar funções, condutas, crenças e valores. Em síntese, procura dotar cada homem de uma ideologia, de modo que sua inserção na sociedade não signifique uma contradição ou um conflito. Assim ideologizado, o cidadão poderá colaborar com a perpetuação e a consolidação da estrutura social dominante. Esta ação é, sob qualquer ângulo ou ponto de vista, uma ação eminentemente política. E se assim é, não há por que estranharmos que a escola seja o instrumento social de consolidação da divisão de classes sociais tão profundamente diferenciadas, para não dizer antagônicas. De um lado aqueles que conseguiram alcançar as últimas etapas da pirâmide escolar e, de outro, aqueles que se vêem forçados e condenados a permanecer na base. É a divisão entre "os que têm estudo e os que não têm" que confere uma marca indelével para diferenciar os "bons dos maus".

De acordo com o número de anos de escolaridade gastos, o ser humano terá oportunidade de optar por posições sociais relevantes na política, na economia e na cultura, forma totalmente aceita e admitida por todos e que possibilita a perpetuação das estruturas atuais.

---

7. É. Durkheim, *op. cit.*, p. 47.
8. C. Lerena, *Escuela, Ideologia y Classes Sociales en España*. Barcelona, Ariel, 1976, p. 60.
9. "Se as escolas existissem para ensinar, as que conhecemos teriam desaparecido há tempos, provavelmente com o aparecimento da imprensa" (C. Lerena).

Em resumo, promover um tipo de homem, de cultura, de crença política, desprezando outras concepções humanas, outras culturas e crenças, é uma clara ação política. Talvez a mais importante ação política levada a cabo pelos escritórios do governo, a julgar pelos custos desembolsados e pelo imenso aparelho burocrático montado com tal finalidade. É uma ação política não só de tipo administrativo, como também na acepção mais ampla do termo, referente ao projeto global da sociedade. Por isso, diga-se abertamente ou não, esteja-se ou não de acordo, a ação educativa não pode deixar de ser política, da mesma maneira que a política — a boa política — tem de ser pedagógica.

Quando Siegfried Bernfeld, já no princípio do século, escreveu *Sísifo e os Limites da Educação*, expressou com extrema clareza o caráter político da ação educativa: "O núcleo da educação não é constituído pela pedagogia, mas pela política. E os fins da educação não são determinados nem pela ética nem pela filosofia, de acordo com os valores de validade geral, mas pela classe dominante, e conseqüentemente com os mesmos fins de seu poder".[10]

Essa "politicidade" explica os resultados escolares que tanto desconcerto e desconsolo causam aos que se empenham em continuar ignorando a sua dimensão política. Em razão dessa ignorância — voluntária ou não — muitos educadores, fiéis à sua concepção ético-profissional, rechaçam o fato de serem considerados, e de se considerarem, instrumentos da doutrinação política. A eles custa crer que a mútua interdependência entre pedagogia e política explique não só "os limites da educação" e sua crise permanente, mas também o fato de aceitarmos e defendermos socialmente como bom um sistema de ensino mau e imperfeito relativamente à promoção humana e social dos grupos majoritários.

A escola não é, portanto, um apêndice inocente e neutro do aparelho estatal.

Pedagogia e política são partes constitutivas de um todo. Que não se pretenda fazer-nos acreditar que a pedagogia nada tem a ver com a política; e que não se afirme enganadoramente que a escola não deve ser profanada por ideologias e doutrinas políticas que nada têm a ver com o processo de aprendizagem. Que os "guardiães da

---

10. S. Bernfeld, *Sísifo o los Límites de la Educación*. Buenos Aires, Argentina, Siglo XXI, 1975, p. 32.

ordem", guiados por um zelo incompreensível, não tomem medidas para chegar à descontaminação do processo educativo, porque essas mesmas medidas já estão contaminadas. Recordemos a veemente resposta de Omar Dengo à carta-circular com que um dos ministros da Educação de seu tempo proibiu os professores de imiscuírem-se na política: "Os direitos do educador — dizia o ilustre professor costarriquenho — não podem ficar reduzidos, como os do gendarme, à simples emissão do voto pessoal no momento oportuno. Se o professor torna-se cada dia mais o progenitor de reformas sociais, então não compreendo como a escola e o colégio possam ser obstaculizados no reconhecimento e na expressão do sentido transcendente de suas finalidades".[11]

Este afã em despolitizar a ação educativa não é senão uma manifestação a mais da forte carga política e da imposição ideológica das classes dirigentes por intermédio do aparelho escolar. Busca-se essa "despolitização" afastando-se a escola dos problemas sociais, como se fosse possível educar fechando-se em um invernadouro a salvo da realidade social.[12]

A escola faz política não só pelo que diz, mas também pelo que cala; não só pelo que faz, mas também pelo que não faz. Calar o que deve ser proclamado aos quatro ventos é uma das formas políticas mais freqüentes entre os que têm "a faca e o queijo na mão". É fazer uma política hipócrita, por exemplo, insistir teimosamente no caráter técnico da educação, ou manter — ainda que inconscientemente — um estilo aristocrático e barroco, reminiscência de épocas passadas, quando a escola estava a serviço exclusivo das classes abastadas.

A política é uma prática totalizadora e diária que impregna e dá cor a tudo o que fazemos. Todos nós — cada um em seu trabalho — fazemos política permanentemente, mas o educador a faz de uma maneira privilegiada, já que o Estado coloca à sua disposição um determinado número de futuros cidadãos para que os "socialize", quer dizer, para que os politize.

Outra forma de camuflar a ação política da escola é a chamada "psicologização" dos problemas sociais, tratando-os como se fossem

---

11. O. Dengo, *Escritos y Discursos*. San José, Costa Rica, Ed. Antonio Lehman, 1961, p. 265.

12. O resultado desta "despolitização" é uma escola superativa em futilidades e superpassiva no essencial.

problemas individuais.[13] É como se quisessem culpar o indivíduo por males que têm sua origem em estruturas sociais extremamente injustas. Mas não se pode remediar os males sociais à base de receitas morais, aspirinas psicológicas e hábitos de conduta ensinados na escola. Se existem pessoas empenhadas em resolver problemas sociais pela mudança da conduta individual, é porque lhes é benéfico manter incólumes as atuais estruturas.[14]

Nos últimos anos, especialmente na América Latina, surgiram diferentes experiências e conceitos que de alguma forma confirmam o caráter político do aparato escolar. Falar, por exemplo, em escola democrática e participativa, educação liberadora, educação para a justiça, educação aberta, escola unitária, pedagogia da comunicação, educação socialmente produtiva etc., é fazer referência a diferentes e importantes aspectos da educação. Cada uma dessas correntes educativas — ou a visão global de todas elas — guarda estreita relação com a estrutura sócio-política, com a economia e com o desenvolvimento social em benefício das maiorias de nosso povo.

Por último, contra a pretensão de alguns filósofos e pedagogos idealistas, antigos e modernos, o processo educativo — especialmente em países como a Costa Rica — não pode ficar reduzido a "desenvolver as disposições inatas do homem". Em um mundo como o atual e em sociedades como as nossas, que vivem processos políticos acelerados e até violentos, é impossível educar da porta para dentro. Contra a pedagogia idealista e funcionalista, temos de admitir que a educação não pode nem deve limitar-se a atualizar e desenvolver os dons naturais, que estão como um germe dentro da criança e do jovem, da mesma maneira que a árvore está contida na semente. Essa atividade educativa carece de significado e é inoperante. Por outro lado, torna-se impossível se estiver separada do projeto político pelo qual se almeja o desenvolvimento global do país.

---

13. Nos Estados Unidos, 46% dos leitos dos hospitais estão destinados a doentes mentais (Maud Mannoni).

14. Na América Latina existe hoje muita literatura a respeito. Entre outros livros, podem ser consultados: *La Educación Católica en el Banquillo*, publicado pelo CINEP de Bogotá; *Cambio de Estruturas: Inmoralidad de la Moral Occidental*, de P. Miranda (México); *Violencia y Política en América Latina*, de J. Barreiro (México, Siglo XXI, 1971). E também as claras denúncias que nos fazem os bispos do subcontinente nos documentos de Medellín e de Puebla.

II. INCULCAÇÃO IDEOLÓGICA

> Na escola não se educam pastores para rebanhos,
> mas rebanhos para pastores.
>
> *L. Tolstoi*

No decorrer de uma das sessões da Terceira Conferência Geral do Episcopado Latino-Americano em Puebla, um dos bispos presentes disse: "Aquele que não tiver ideologia, que atire a primeira pedra". Muito mais poderíamos gritar a todos os docentes do mundo, não importando a sociedade a que pertençam.

A escola é um dos aparatos ideológicos do Estado, não porque o tenha dito A. Althusser, mas porque isto é confirmado pela prática diária em todas as instituições escolares e corroborado pelos dirigentes políticos e governantes, que se valem da escola para controlar o sistema social.

Todos conhecem o interesse de Lenin em manejar o aparato escolar com o objetivo de consolidar a revolução. De maneira idêntica, Mao Tse-tung assegurava que "reformar o antigo sistema educativo, assim como os antigos princípios e métodos de ensino, é uma tarefa extremamente importante para a grande revolução cultural em curso".[15]

Nos países capitalistas também encontramos documentos que expressam diafanamente a ideologia do aparato escolar. "Em 1880, a reação burguesa conseguia que a Assembléia Legislativa francesa votasse favoravelmente a lei Falloux, que tinha como um de seus objetivos enaltecer a importância do ensino católico, considerado pelo regime como mais seguro que a escola estatal".[16] Um século mais tarde, em 1958, o governo belga repetia a mesma atitude.

Anthony Arblaster afirma que "o conflito ideológico aberto dentro da educação contribuiria para solapar as falsas afirmações de neutralidade e objetividade, que servem freqüentemente para ocultar o preconceito conservador".[17] O professor de ciências sociais do atual regime chileno é obrigado a ser "o principal dinamizador, no interior das escolas, da compreensão viva dos valores nacionais,

---

15. A. Gras, *op. cit.*, p. 104.
16. *Ibid.*, p. 20.
17. D. Rubinstein e C. Stoneman, *Educación para la Democracia*. Caracas, Monte Ávila, 1976, p. 46.

tanto os cívicos como os correspondentes às Forças Armadas".[18] É conhecida de todos a famosa proclamação de Hitler: "Nós formaremos fascistas que farão o mundo tremer".

Manter o controle da escola é assegurar a transmissão ideológica, na medida em que graças ao caráter persuasivo, insistente e repetitivo da comunicação educativa, torna-se possível a interiorização de idéias e modos de agir e pensar. Desde os professores até o desenvolvimento curricular, desde a seleção dos livros de texto até as metodologias utilizadas, toda a prática pedagógica, enfim, está impregnada e saturada da ideologia dominante. Mesmo o currículo oculto suporta uma forte carga ideológica.

Basta que o estudante passe cinco, dez anos ou mais na escola, para que adquira uma determinada maneira de conceber a realidade, de situar-se no mundo, de aceitar determinados valores e rejeitar outros. A escola, prolongação da família e recinto sagrado da sociedade, tem como missão intrínseca de suas práticas pedagógicas rotineiras inculcar na criança o amor à ordem, ao sacrifício e à virtude. Oferecer-lhe modelos não só de comportamento mas inclusive de pensamento. Para a manutenção do sistema é vital que o educando se refira a realidades concretas e específicas em termos de discurso universal, quer dizer, que os significantes que utilize não se relacionem com a realidade concreta, com o *hic et nunc*, senão como conceitos abstratos e mistificadores para qualquer realidade, própria ou alheia.

É esta representação peculiar da realidade, este conjunto de idéias, de conhecimentos, de valores e crenças, que torna possível que o indivíduo desempenhe um papel de estabilizador e legitimador do *status* existente. É esta mesma ideologia que justifica para uns sua posição de senhores de uma sociedade, e que obriga outros à resignação diante de sua condição de explorados. Isto implica na existência de uma visão de mundo, de um esquema de interpretação da realidade, de uma forma de viver que "corresponde à classe dominante, mas da qual participamos todos, e que especialmente os professores contribuem para difundir e consolidar".[19]

Esta espécie de segregação social, de inversão do processo histórico que chamamos ideologia, impõe-se a todos — consciente ou

---

18. P. Castro, *La Educación en Chile de Frei a Pinochet*. Salamanca, Ed. Sígueme, 1977, p. 229.

19. Tedesco, Passeron, Yapur e Rocagliolo, *Ideología y Educación*. Buenos Aires, Ed. Axis, 1975, p. 37.

inconscientemente — como uma falsa consciência. Ainda que seja condição essencial à ideologia apresentar-se como coisa natural, como se de fato não pudesse ser diferente, como se fosse "algo desejado por Deus, bom e justo".

A escola, ao submeter-se às barreiras ideológicas, converte-se necessariamente em uma instituição estanque, reagindo à mudança. Nesse sentido a ideologia torna-se uma espécie de "reflexão inconsciente, inadequada e invertida do processo real".[20]

Dessa maneira, a escola, longe de preparar as pessoas para que façam história, antes prepara indivíduos alienados, adaptados à sociedade, reprodutores e perpetuadores de seus esquemas e estruturas. A "ideologização" do sistema escolar explica por que as ciências da educação ficaram reduzidas a uma mera abstração e a um idealismo verbalista muito distante da concreção diária. Prevalece em seus postulados a idealização de uma sociedade alheia às contradições e aos conflitos. O fazer educativo enreda-se em um "pedagogismo" vazio, completamente estéril. Assim, a escola se vê impossibilitada de analisar a sociedade. Impossibilidade tanto mais forte quanto mais tenha se reduzido ao mínimo tudo o que ajude o pensamento pessoal, a reflexão, a crítica, a compreensão da realidade e a assimilação de valores. Os objetivos da escola passam a concordar com os objetivos da sociedade, que conhecemos por intermédio de conceitos tão atraentes como a eficiência, o progresso, a produção.

No nível da escola, a ideologia manifesta-se de múltiplas formas. Neste ensaio, e com interesse meramente demonstrativo, quero referir-me a apenas três delas: a seletividade, a igualdade de oportunidades e as relações pedagógicas.

Seletividade escolar

> O destino dos que não entram na universidade pode ser ventilado antes dos seis anos.
>
> *Bourguignon*

A situação sócio-econômica do estudante condiciona não só sua entrada para escola como também constitui uma séria restrição durante toda sua trajetória escolar. Ainda que seja certo que nem todas

---

20. L. Ortiz e P. del Río, *Comunicación Crítica.* Madri, Pablo del Rio, 1977, p. 14.

as desistências e fracassos escolares devam ser atribuídos à origem social do indivíduo, também é certo que o êxito escolar não depende exclusivamente de sua vontade, de sua inteligência ou de suas aptidões.

Existem muitos estudos relativos a medições de freqüência, taxas de escolarização e análise longitudinal, que demonstram a influência, muitas vezes decisiva, do fator sócio-econômico nos resultados escolares. Mas não é preciso recorrer a eles para comprovar que entre os graduados universitários, especialmente nas profissões liberais, uma porcentagem mínima corresponde aos filhos de operários, assalariados, camponeses e trabalhadores manuais. Os resultados dos exames de ingresso em nossas universidades confirmam a cada ano esta "eleição dos eleitos".[21]

Interpretadas essas comprovações sob a lógica e a linearidade às quais nos submete a ideologia imperante, nada mais resta senão aceitar que a inteligência foi mais abundantemente repartida entre os indivíduos sócio-economicamente bem assentados do que entre aqueles para quem os bens da fortuna foram adversos. Em outras palavras, o êxito escolar está condicionado pela capacidade econômica do estudante.

É certo que formal e legalmente as portas estão abertas tanto para os filhos das famílias abastadas como para os das famílias de baixa renda. Mas uma coisa é a igualdade formal e legal e outra coisa, muito diferente, é a igualdade real. O abismo entre o que as legislações proclamam e o que as circunstâncias permitem é demasiado grande para ser resolvido por uma grande parcela da população sem uma ajuda efetiva.

Os sistemas escolares em todos os níveis — 1.º grau, 2.º grau e universitário — são de fato, e por circunstâncias aparentemente alheias à própria estrutura, injustos. Os estudantes filhos de camponeses, de artesãos e operários estão economicamente condicionados de tal maneira que pouco lhes serve o preceito legal que assegura a todo habitante da república o direito de receber uma educação ampla, e de pouco lhe adianta que o Estado garanta a igualdade de oportunidades. Confundir igualdade de oportunidades com igualdade de possibilidades é mais uma manifestação ideológica. É inútil que a lei prescreva toda a ação discriminatória quando se

---

21. L. Sève, M. Verret e G. Snyders, *El Fracaso Escolar*. México, Ediciones de Cultura Popular, 1978, p. 48.

sabe que essa discriminação é efetiva e bastante real, desde o momento em que a criança encontra-se ainda no ventre materno.

A esta discriminação é preciso acrescentar a impotência da escola na solução de um problema que, por ser inerente à estrutura social, ultrapassa suas possibilidades formais, de tal maneira que, mesmo querendo, não dispõe do remédio. Recorreu-se e recorre-se a soluções parciais — bolsas de estudo, empréstimos etc. — que em essência não são senão formas de encobrir o problema. A experiência nos diz que aquele que ingressa no aparato escolar — não importa qual seja a sua origem — tem de submeter-se a todas as normas estabelecidas. Dessa maneira a escola se faz servidora do sistema. "Tratando a todos os alunos, desiguais na realidade, como iguais, o sistema escolar conduz-se de tal modo que sanciona na prática as diferenças iniciais frente à cultura".[22]

É certo que ultimamente se alcançou — inclusive em países muito mais atrasados que o nosso (Costa Rica) — uma crescente e significativa escolarização, em resposta às demandas do mercado. Esse aumento da matrícula em todos os níveis — 1.º grau, 2.º grau e universitário — pode produzir a sensação de um desaparecimento da pirâmide escolar. Pelo menos pode parecer que a democratização do ensino é um objetivo alcançável a médio prazo.

A realidade demonstra que as aparências enganam. O que se está produzindo, de fato, é um engrandecimento das bases da pirâmide. As diferenças entre um nível e outro, longe de diminuir, tendem a aumentar. Uma expansão ilimitada da educação, dizia Nietzsche em 1872, acabaria com os privilégios dos poderosos, e o sistema não pode ser tão irracional a ponto de cavar sua própria sepultura.

A multiplicação de escolas da periferia e escolas rurais responde, de fato, à política de oferta e procura, que confirma claramente a evidência da necessidade da seletividade escolar. O mercado de empregos exige que o número de graduados do sistema escolar (e em especial os profissionais) esteja cuidadosamente controlado. Essa seletividade será tanto mais rigorosa quanto maior for a necessidade de controle profissional e quanto maior for a demanda do campo de trabalho, mas deverá ocorrer de tal maneira que a culpa não recaia sobre os órgãos selecionadores. É importante, para retroalimentar o próprio sistema, manter a imagem democrática e partici-

---

22. M. Debesse e G. Mialaret, *Tratado de Ciencias Pedagógicas. Aspectos Sociales de la Educación*, 2.º vol. Barcelona, Oikos-tau, 1976, p. 29.

pativa da escola. Mas é evidente que se torna cada vez mais difícil ocultar o grau de cumplicidade que as instituições escolares têm na tarefa de selecionar os "melhores". Através das desigualdades escolares se entrevêm as desigualdades sociais. A seleção dos melhores e a exclusão dos restantes é tão consubstancial no sistema escolar que, se não corresse, a escola desapareceria, perderia sua razão de ser.

Já em meados do século passado, o ministro Duray promulgava na França uma legislação escolar baseada na divisão de classes sociais: por um lado, as crianças cujos pais possuem tempo, meios e riqueza e que, conseqüentemente, podem "assentar as largas e sólidas bases de um edifício que subirá muito alto"; por outro, as crianças desprovidas de riqueza, que depois da escola de 1.º grau deverão ingressar nas oficinas ou fábricas. A tese de Baudelot e Establet [23] põe a manifesto que essas duas categorias de estudantes são as mesmas hoje e ontem, com a única diferença de que essa prática se generalizou e normatizou em todos os nossos países, desenvolvidos e subdesenvolvidos.

Toda seleção implica, necessariamente, em exclusão, e se excluem em primeira instância aqueles para quem o trabalho é um imperativo vital na questão da sobrevivência e que está acima de qualquer outra necessidade. São excluídos todos aqueles a quem as dificuldades materiais obrigam a buscar o sustento diário como a primeira e mais urgente das necessidades. Confundir seleção natural, baseada nos dons do indivíduo (inteligência, vontade, capacidade) com seleção social é parte do engano ideológico a que estamos submetidos. A seletividade afeta a todos os que não puderam entrar na escola e a todos que tiveram de abandoná-la, seja por "decisão própria" ou por exclusão, como conseqüência das regras do jogo. Regras que se revestem das mais variadas e sofisticadas formas. Sublinhemos algumas das mais evidentes.

a) Os exames — em uma variedade incalculável — não são senão instrumentos legalizados da seletividade. "Em um grau inimaginável, em toda a história da educação, os estudantes são submetidos a provas, medidos, analisados, classificados e segregados".[24]

---

23. *La Escuela Capitalista*. México, Siglo XXI, 1975.
24. G. B. Leonard e M. McLuhan, *La Cuestión Hombre y Mujer y Otras Provocaciones*. México, Extemporâneos, 1972, p. 90.

Eis aqui o objetivo essencial da prova: segregar e eliminar, para que a pirâmide escolar seja uma projeção da pirâmide social. Já foi dito e repetido em todas as latitudes e em todos os tons que os exames são uma trapaça e uma imoralidade.[25] Não necessariamente porque "os professores sejam velhos malvados, mas simplesmente porque o sistema assim o exige" (J. Holt). Na verdade, vistos sob o prisma da ideologia, são um engano tanto para os estudantes — que precisam ser eliminados em uma alta porcentagem — como para os professores que se prestam, ingênua e "cientificamente", a cumprir uma tarefa tão repugnante e tediosa.

Os vestibulares que nossas universidades praticam como requisito para que se possa ingressar nelas têm como um de seus objetivos imediatos e mais importantes a eliminação de uma porcentagem de estudantes que, por diferentes razões (*numerus clausus*), não devem ingressar. A esse exame de ingresso deveria-se chamar, pela mesma razão, "exame de eliminação". Efetivamente, mais da metade dos que concluem o 2.º grau não seguem estudos universitários. Uns nem sequer se interessam pelo exame e outros prendem-se às redes das diferentes provas que os psicólogos inventaram para persuadir a si mesmos, e com eles o resto da sociedade, de que os estudos secundários atuais não preparam o aluno para que este consiga seguir com proveito o ensino superior. A verdade é que esses exames têm o privilégio de separar os indivíduos em duas categorias: de um lado, aqueles a quem o sistema concedeu uma chance a mais e, de outro, aqueles para quem se esgotaram as possibilidades e que nada mais podem fazer senão "ir trabalhar".

b) Se a seletividade escolar não obedecesse às causas sociais, não haveria explicação para o abandono maciço da escola em função dos chamados "fracassos escolares". Muitos educadores atribuem esses fracassos à falta de interesse, à preguiça, à falta de dotes intelectuais, à desadaptação às exigências da escola, aos "problemas de aprendizagem" e a muitas outras causas de anormalidade.

Diante dessa realidade cabe perguntar: como é possível que no fim do século XX a ingenuidade dos docentes aceite o fracasso de

---

25. "A carreira escolar continua sendo uma corrida de obstáculos obrigatória, um desperdício rentável e uma inevitável irracionalidade, perfeitamente paralela e, em última análise, subsidiária desta outra, muito conhecida, que consise em, por exemplo, fabricar bombas ou lançar cereais ao mar" (C. Lerena).

mais da metade dos estudantes? É concebível que, em uma sociedade tão culta e alfabetizada como a nossa, mais da metade dos cidadãos seja tão anormal e desadaptada a ponto de ter que abandonar o sistema escolar? Alguns técnicos especialistas — igualmente ingênuos — aparecem com "propostas remediadoras", como se se tratasse de enfermidades individuais. A dislexia, para citar um exemplo com abundante bibliografia, é um dos artifícios que "explica" muito mais fracassos do que a ciência poderia ser capaz de se responsabilizar.

Os exemplos poderiam multiplicar-se. Mas a gravidade maior da situação é que as estatísticas nos dizem que os estudantes preguiçosos, inapetentes, com falta de inteligência e vontade, os irresponsáveis, os sem futuro, são "casualmente" e em uma alta porcentagem os que provêm de famílias de baixíssimos recursos econômicos.

c) As estruturas discriminatórias dentro do aparato escolar tomam as mais variadas formas. Baudelot e Establet falam de "duas redes de escolarização", cujo esquema, com maior ou menor força, é praticado em todos os sistemas de ensino de nossos países.

A educação profissional, à qual foi concedida muita ênfase nos últimos anos, é outra das formas discriminatórias. É óbvio que a clientela da chamada "educação vocacional" ou profissional são os filhos dos trabalhadores, camponeses e artesãos. O Instituto Nacional de Aprendizagem (INA), em nosso país, é um claro exemplo da necessidade de educar para um emprego, de preparar para a produtividade, de treinar mão-de-obra para a indústria. Sob qualquer ponto de vista, a educação profissional não busca tanto o bem-estar do indivíduo quanto a contribuição que, uma vez capacitado, pode dar à empresa e à "economia do país". Não se procura modificar a estrutura e a natureza dos empregos, mas simplesmente adaptar e preparar a mão-de-obra para as ofertas de trabalho existentes. Nesse tipo de "treinamento" fica claramente estabelecido que os interesses do capital passam por cima dos interesses do homem como "sujeito do trabalho".[26]

"A educação profissional não está dirigida para a resolução dos problemas sociais, para desenvolver vias de mobilidade profissional ascendente ou para fazer da escola e do trabalho uma expe-

---

26. Em setembro de 1981 o papa João Paulo II publicou a encíclica *Laboren Exerces*, na qual desenvolve o sentido subjetivo do trabalho, ou seja, estuda o homem como sujeito do trabalho.

riência mais satisfatória; pelo contrário, seu propósito é reduzir expectativas, limitar aspirações e aumentar a sujeição à estrutura social existente".[27] É introduzir na engrenagem da produção capitalista a massa produtiva, sem que lhe seja permitido saber quanto está produzindo e para quem está produzindo.

d) Como os exames, as provas vestibulares e outras formas mais ou menos draconianas não preenchem os objetivos de eliminação — ou os preenchem com um estilo que já não se harmoniza com nossa "democracia" —, pedagogos e psicólogos puseram em funcionamento, de umas décadas para cá, alguns modelos de seletividade mais "humanitários".

Os estudantes que carecem de dotes, os incompetentes, devem ser persuadidos, isto sim, a abandonar os estudos ou a estudar algo mais de acordo com suas capacidades. É preciso dobrar sua vontade, mas sem que eles percebam. É importante que adotem, antes que seja tarde, "profissões" com menos exigências acadêmicas, com programas de estudo menos densos. Espera-se, logicamente, que cada indivíduo conheça suas próprias limitações.

O êxito sempre é possível, mas é preciso saber escolher a meta. Como o divino Platão, pensam — ainda que não o expressem — que alguns nasceram para governar e outros para ser governados.

Para preencher esta "estratégia de persuasão" nascem os conselheiros pedagógicos, os orientadores educacionais e outros funcionários preparados para cumprir funções de camuflagem psicológica como "reduzir tensões", "esfriar os excessivamente ambiciosos", "valorizar as carreiras paralelas", "evitar comportamentos anônimos", "facilitar o encontro do verdadeiro caminho" e tantas outras soluções para os conflitos de tipo pessoal e familiar. Eis aí a "imagem maternal da instituição docente, cuja tolerância aparece como um sutil mecanismo de controle social".[28]

---

27. C. Biasutto (comp.), *Educación y Clase Obrera*. México, Nueva Imagem. 1978, p. 41.

28. A. Gras, *op. cit.*, p. 268. "A educação cedeu terreno à instrução; esta converteu-se em uma tarefa impossível e deu seu lugar à medicina. Todo este deslocamento engendrou a aparição de uma entidade mítica denominada 'equipe psicomédica'... que constitui um dos fenômenos mais inquietantes de nossa época" (M. Mannoni, *La Educación Imposible*. México, Siglo XXI, 1979, p. 61).

O importante com respeito à seletividade escolar não é tanto comprovar como, o que se produz e em que proporções ocorre, mas sim responder às perguntas: quem e por que se seleciona? É uma exigência da divisão de trabalho? É um requisito da produção e das relações de produção? As respostas geralmente são ilusórias, para que não fique clara a disfuncionalidade do sistema.

A seleção é uma exigência da divisão social do trabalho, da qualificação profissional, da especialização, da profissionalização etc. A seletividade e a exclusão ocorrem tanto na sociedade capitalista como na socialista. O perigo dessa seletividade em nossa sociedade capitalista, que é a que nos interessa examinar, é que ela esteja apoiada e tenha como meta estruturas sociais injustas, leis de mercado da oferta e da procura e requisitos de um desenvolvimento meramente econômico.

São também essas mesmas exigências que obrigam os sistemas de ensino a estarem permanentemente "em dia", a uma adequação necessária à acumulação capitalista. Do contrário se produziria uma perigosa ruptura, que deve ser evitada ainda que custe algumas concessões. Daí nasce o dilema, cada vez mais difícil para as classes dirigentes: como oferecer maior escolaridade sem que isto implique a diminuição de seu poder político e de sua hegemonia econômica.

As contradições são evidentes. Alguns são partidários da expansão do sistema escolar, enquanto outros propõem um rigoroso controle, alegando motivos orçamentários. Durante as crises econômicas — como a que agora estamos sofrendo — essas opiniões se intensificam e o sistema escolar sofre os impactos das diferentes tendências ideológicas. A polêmica em torno do financiamento das universidades é uma manifestação clara disso.

Mesmo que nossa sociedade adotasse a política de produzir e consumir maiores quantidades de escolaridade (abrindo mais universidades, por exemplo), isso não implicaria, de modo algum, a modificação das relações de produção. Como assegura Carnoy, todos recebem mais ensino escolar, mas a estrutura social mantém-se a mesma. Isto porque o desaparecimento das desigualdades sociais não depende de um maior grau de escolaridade, mas da mudança de nossas estruturas econômicas.

A experiência demonstra que nos países pobres a estrutura social causadora das injustiças, da miséria e da pobreza, é também a causa de um sistema de ensino pobre e improdutivo.

Igualdade de oportunidades

> A igualdade diante da educação, do matrimônio, do trabalho, do dinheiro... é um mito.
>
> *Lapassade*

A tão alardeada igualdade de oportunidades é outra das falácias com que se procura ocultar a ideologia do sistema escolar. A igualdade de oportunidades supõe que qualquer indivíduo, independente de sua condição social, sexo, crenças religiosas, filiação política, desde que possua um mínimo de dons naturais e se empenhe e deseje, poderá escalar os últimos degraus da pirâmide escolar e, conseqüentemente, afiançar-se para desempenhar as importantes posições com as quais a sociedade recompensa os esforçados.

A escola democrática, costuma-se dizer, sanciona o mérito dos indivíduos independente de sua procedência social. A história é "abundante" em exemplos de pessoas humildes que, sobrepondo-se a todo tipo de dificuldades, conseguiram sobressair-se como modelos prontos para as gerações mais jovens.

Segundo essa tese, a "mobilidade social" fundamenta-se na existência dos dons intelectuais, noção intrinsecamente ideológica. Lucien Sève [29] afirma que um dos aspectos que mais chama a atenção nessa teoria é a comprovação da grande capacidade de nosso sistema escolar em detectar e sancionar os dons dos estudantes. A verdade é que se torna inquietante verificar diariamente a facilidade com que se leva a cabo a eliminação de milhares e milhares de estudantes, para os quais a simples aplicação rotineira e forçada de alguns exames é suficiente para determinar sua inaptidão. É certamente preocupante que em uma sociedade como a nossa, com um sistema educacional "tão adiantado", sejam aceitas com tanta naturalidade formas tão simples e tão pouco científicas de seleção. Frente à verdade "provatória" de um exame de seleção, não resta outra alternativa, nem para os estudantes que são diretamente afetados nem para seus pais, senão aceitar a "incapacidade inata", a "carência de dons" e, em conseqüência, a exclusão do grupo privilegiado.

Diante dessa realidade, por que não pensar que muitos dos "fracassados" não são senão inocentes vitimados pelo sistema em nome de alguns princípios supostamente científicos? E por que não

---

29. "Os dons não existem", *El Fracaso Escolar, op. cit.*

admitir que a maioria desses "fracassados" existe em função da pouca eficiência e produtividade do sistema?

Tampouco são provatórios os desprestigiados testes, assim como todo o fetichismo criado em torno do quociente de inteligência.[30] Diante dessas "comprovações", como interpretar o fato de que jovens que não conseguiram terminar seus estudos tenham um quociente de inteligência superior ao dos que conseguiram graduar-se?[31] Não será porque a inteligência "escolarizada" está totalmente divorciada da vida, do trabalho, da produção? Por que aceitar como fracassados os indivíduos que rejeitam os esquemas e as práticas de uma escola verbalista, as diretrizes de uma escola isolada e as soluções de uma escola invernadoura? Por que o fracasso escolar tem sempre que ser atribuído ao estudante e não à escola, quer dizer, à sociedade e aos políticos?

Por outro lado, por que pretender igualar nos bancos da escola crianças perfeitamente alimentadas a crianças que desde antes do seu nascimento sofreram graves distúrbios nutricionais?[32] Como se pode pretender que respondam intelectualmente de igual maneira crianças com cultura, vocabulário, contexto familiar, interesses e expectativas sociais tão diferentes?[33] Por que não levar em conta no rendimento escolar que a criança pobre não só está marcada pela interrogação de um futuro incerto como, além disso, tem de suportar a imagem negativa que o professor tem dela?[34]

---

30. "O número real de crianças intelectualmente muito brilhantes em lugares pobres supera de longe aquele encontrado entre os profissionais destacados e os homens de negócios" (Riessman).

31. L. de Oliveira Lima, *La Educación del Futuro Según McLuhan*. Rio de Janeiro, Ed. Vozes, 1971, p. 12.

32. O cérebro das crianças é especialmente vulnerável às deficiências da dieta durante o período final da gravidez e durante a primeira alimentação posterior, digamos que entre os três meses anteriores ao nascimento e os seis meses posteriores. O dano produzido nesta ocasião às células cerebrais pela falta de proteínas, vitaminas adequadas e demais elementos críticos pode ser irreversível; não pode ser compensado depois, mesmo que a criatura passe a ser relativamente bem alimentada" (P. E. Vermon, citado por Owen e Stoneman em *Educación para la Democracia*).

33. George W. Mayese, que estudou provas de avaliação de mais de 100 mil estudantes de todas as partes da América do Norte, concluiu que "os filhos dos grupos minoritários haviam sofrido tanta carência cultural antes de chegarem à escola, que nenhuma quantidade de educação poderia equipará-los aos demais" (Owen e Stoneman, *La Educación y la Naturaleza de la Inteligencia*).

34. "Porque entrando em vossa assembléia um homem com anéis de ouro, com um traje magnífico, e entrando igualmente um pobre com o traje puído,

Sem intenção de responder a essas perguntas, devemos confessar que a escola em sua atual estrutura, organização e métodos didáticos, mantém em plena vigência a lei do mais forte e o "salve-se quem puder" que, como sabemos, é um dos norteadores primordiais da sociedade capitalista.

O fato de alguns indivíduos — por inteligência e vontade, e vencendo um sem-número de dificuldades — alcançarem uma classe social mais alta, não é de modo algum uma tese a favor da mobilidade social. Sabemos que para cada um que se "salva" são milhares e milhares os condenados. Por outro lado, esta voracidade da classe dominante ao sugar os melhores da classe inferior a torna mais invulnerável e impenetrável como classe social privilegiada. Abusa de seu poder para assenhorar-se do melhor de outras classes, porém sempre dentro das regras do jogo que ela mesma impôs. Oferece a todos igualdade de oportunidades sempre e quando esse mecanismo lhe favoreça como classe e não lhe perturbe em sua "inata" competência e em seu "legítimo" direito de dirigir os destinos da sociedade.[35]

Em última análise, está disposta a tratar todos igualmente, mas apenas depois de salvar os próprios privilégios e hierarquias de poder. Pretende fazer crer que igualdade de oportunidades é sinônimo de igualdade social, quando é evidente que a igualdade de oportunidades em uma sociedade intrinsecamente desigual é contraditória. Só em uma estrutura social igualitária caberia a igualdade de oportunidades. Em uma sociedade de classes, a igualdade de oportunidades não deixa de ser uma miragem ideológica para iludir perigosamente a muitos. Mas mesmo supondo que a igualdade de oportunidades ocorresse plenamente em alguma sociedade, ela necessariamente "desembocaria em uma meritocracia tanto mais segura de seu poder quanto mais se atrevesse a aparecer como totalmente legítima".[36] Enquanto a escola estiver a serviço da divisão social

---

fixais a atenção naquele que leva o traje magnífico e dizeis: senta-se aqui honrosamente; e ao pobre dizeis: fica aí em pé ou senta-te sob meu escabel... não sois juízes dos pensamentos perversos?... Vós ultrajais o pobre. Não são os ricos que os oprimem e os arrastam perante os tribunais?" (Santiago, 2:1-6).

35. "Assim como o direito de governar foi dado aos reis por Deus" — escreve a norte-americana P. C. Sexton — "o direito de dirigir foi concedido às classes altas pela natureza, em virtude do que se supõe seja seu quociente de inteligência".

36. A. Gras, *op. cit.*, p. 26.

do trabalho, seu igualitarismo e democracia serão pura formalidade. Mais que participação igualitária e democrática, é um "deixar fazer" que beneficia aos beneficiados e ajuda os que menos ajuda precisam.

Relações pedagógicas

> Para causar sofrimentos desnecessários não há nada como uma aplicação estrita da lei.
>
> *P. Goodman*

As relações que se dão dentro da escola tradicional são formas eficazes de inculcação ideológica. O próprio Durkheim assinalou, no princípio do século, que "a comunicação educativa" não está isenta de violência. As "relações de autoridade" levam o professor muito freqüentemente a um exercício autocrático e até coercitivo. O abuso do poder e a violência são fatos facilmente comprováveis na instituição escolar. Dentro da violência simbólica da autoridade pedagógica têm especial importância o tempo prolongado, a repetição e a prática cotidiana.

O aluno normalmente evita enfrentar o poder do professor, em função da visão que tem desse poder. As relações do aluno estão marcadas por um "desejo" de aceder, de respeitar, de "obedecer" o professor, para evitar momentos desagradáveis e situações de tensão. Precisamente nestas relações de dependência — verdadeira alienação — reside um certo poder do estudante. Nesse sentido, estabelece-se uma espécie de negociação, na qual os estudantes recebem um tratamento mais ou menos digno, em troca de um comportamento que satisfaça às necessidades emocionais do docente. Mas em qualquer dessas situações, o estudante "depende em grande parte das atitudes do professor, seja quando seu sentimento de segurança aumenta ou diminui, seja quando sua espontaneidade é expressa ou inibida. Há portanto uma situação de incerteza frente às relações emocionais e afetivas do professor".[37]

O clima na classe dependerá do equilíbrio que se consiga estabelecer nas relações entre docentes e discentes. A uma resistência ativa ou passiva dos estudantes corresponderá uma reação do professor, que o levará a comportamentos agressivos e a um reforço das demonstrações de poder. Em contrapartida, em determinados

---

37. M. Debesse e G. Mialaret, *op. cit.*, p. 101.

momentos podem produzir-se "represálias" por parte dos alunos, que atuam com a intenção de "castigar" o professor. O jogo é muito parecido com o funcionamento dos aparelhos repressivos do Estado: submissão, a maior parte do tempo, ou agressão contra a autoridade quando a relação já não é tolerável.

Em síntese, as relações pedagógicas são de poder, a maior parte do tempo, com manifestações de "equilíbrio" e, às vezes, de violência. Isso significa graves inconvenientes para o desenvolvimento normal do processo educativo. Tanto em uma como em outra relação, o estudante tem de submeter seus sentimentos, emoções e autonomia, à relação autoritária do professor. Converte-se assim em "um ser-para-o-professor" e não para o seu desenvolvimento pessoal. "Trata-se de uma dependência procurada e inclusive conscientemente desejada, na medida em que satisfaz, por exemplo, algumas necessidades de segurança e auto-estima".[38] A artificialidade da estrutura do sistema escolar obriga o professor a monopolizar as relações em seu proveito, visando a um estreito controle, de modo que o processo de transmissão do saber possa ocorrer sem os contratempos provenientes do pouco interesse do estudante.

Apesar da existência de uma forte corrente pedagógica que promove objetivos comportamentais, temos de confessar que as preocupações mais importantes do docente continuam sendo os objetivos cognoscíveis. A atividade do docente é alimentada sobretudo pelo desenvolvimento, muitas vezes mecânico, do programa. A submissão ao imperativo das notas e das qualificações, mais a tensão expressa em uma atividade profissional monótona e improdutiva, provocam no docente relações antieducativas.

Nessas condições, a educação da personalidade torna-se conseqüência da vivência forçada que envolve todo o ritual de relações escolares e as recompensas inerentes às mesmas. Citemos, para assinalar alguns exemplos, exames, qualificações, recompensas, normas disciplinares, horários, programas, informes etc. Estes "rituais conseguem apenas desviar parcialmente os impulsos que se fixam e se satisfazem neles, dando ao ensino o sentido de uma recompensa ou de um castigo".[39] Originam os laços de dependência, criam comportamentos rotineiros e respostas estereotipadas, institucionalmente codificadas, que atentam contra o desenvolvimento nor-

---

38. *Ibid.*, p. 105.
39. *Ibid.*, p. 113.

mal da pessoa. De fato, todos esses rituais não são senão formas "persuasivo-impulsivas" que têm "a missão de manter e promover esta ordem de pensamento, tão necessária como a ordem nas ruas e nas províncias".[40] Por meio desses ritos letais e dessas relações estéreis "os estudantes são sistematicamente castigados em sua criatividade, autonomia, iniciativa, tolerância e independência".[41] Em troca, são compensados por seus "bons modos", por sua paciência e obediência, e por outros traços de docilidade, laboriosidade e autocontrole.

O professor, em seu afã de domínio, sanciona e até castiga aqueles traços de personalidade que, alentados, poderiam resultar em um perigo para a ordem e a estabilidade do sistema. Alguns desses traços, segundo investigação de H. Gintis, são os seguintes: flexibilidade cognoscitiva, complexidade de pensamento, originalidade, sentido de destino, criatividade, independência de juízo, curiosidade, autoconfiança, atividade verbal etc.

O atual sistema escolar, enfocado sob o prisma das relações pedagógicas, equivale ao modelo de "uma empresa estruturada de forma burocrática e hierarquicamente organizada"[42] que busca a formação do "homem da ordem"[43] de que nos fala Girardi, adornado com uma série de virtudes passivas contrapostas às do homem crítico e criativo:

A subordinação, como conseqüência necessária da estrutura fortemente hierárquica da escola e de outras instituições sociais, as recompensas, os castigos e as demais formas de pressão reforçam a dependência do estudante até que se consiga dele a aceitação "voluntária" e acrítica das normas estabelecidas.

---

40. G. Gusdorf, "Para quê os Professores?". Madri, *Cuadernos para el Diálogo*, 1969, p. 110.

41. H. Gintis, "Educación, Tecnología y Características de la Productividad del Trabajador", C. Biasutto, *op. cit.*, p. 66.

42. *Ibid.*, p. 67.

43. Os traços do perfil desse "homem da ordem" podem ser sintetizados em: fiel à ordem estabelecida, obediente à lei, identificado com a autoridade, amante da institucionalidade, trabalhador eficiente, leal ao sistema de valores dominantes. "O homem da escola laica, gratuita e obrigatória da França republicana, o famoso ministro Jules Ferry afirmava que aos filhos dos pobres, aos filhos dos operários, aos filhos dos 'desempregados sem teto', devia ser ensinada 'a obediência às leis, o respeito às hierarquias, o trabalho submisso, a temperância, a sobriedade, a austeridade, a privação, a ordem, a poupança, o trabalho...' " (Joan Volker, no epílogo de *Educación y Sociología*, de É. Durkheim).

A disciplina, como outra das notas inerentes ao sistema escolar tradicional. O destaque que se concede aos regulamentos e às normas em qualquer escola evidencia as preocupações mais importantes dos docentes. Uma escola onde estão normatizados até os menores detalhes da vida do estudante entorpece seu crescimento como pessoa.

A disciplina, a ordem, a compostura, os bons modos continuam sendo as virtudes preferidas pelas pessoas adultas apegadas ao passado. Lembro-me de ter lido em John Holt que, em certa ocasião, o vice-presidente Agnew, dos Estados Unidos, teria dito que "a instauração da disciplina e da ordem deveria ser a prioridade, inclusive anterior ao currículo",[44] nas escolas de seu país. Certamente o sr. Agnew não manifestou um desejo pessoal, mas um sentimento que respondia a uma necessidade "política", em um país com grande deterioração da "ordem" e dos costumes.

A obediência constitui também uma virtude essencial, que caracteriza muito bem esse "homem da ordem" que o sistema deseja. Na falta de obediência a alternativa é recorrer à força. Por isso é que se torna importante que mediante a obediência a criança interiorize o respeito à lei e à ordem, para que mais tarde como cidadão seja uma garantia da ordem social.

Não por acaso o respeito é uma virtude irmã da obediência. E é precisamente o respeito ao professor que constitui o termômetro seguro para medir a "eficácia social" do trabalho de inculcação que realiza o docente.

A paciência, disse P. W. Jackson, é como a quintessência da virtude na maioria das instituições. Pela paciência a criança aprende a adaptar-se às exigências da vida, aprende a dominar seus impulsos, a reprimir suas potencialidades e a controlar suas mais genuínas manifestações humanas. Muito cedo aprende que se quer viver em paz tem de conter suas emoções e sentimentos, e tem de atuar com a maior racionalidade, tal como os adultos esperam. Em outras palavras, tem de fazer coincidir seus projetos pessoais com os projetos do professor, que não são outros senão os da sociedade que o mantém.

Estas são as principais "virtudes" necessárias ao funcionamento do sistema. É assim que a escola prepara os cidadãos, não só no

---

44. J. Holt, *Libertad y Algo Más. Hasta la Desescolarización de la Sociedad?* Buenos Aires, El Ateneo, 1976, p. 77.

nível do saber e das habilidades profissionais, mas, sobretudo, no que diz respeito aos hábitos de conduta e ao condicionamento psicológico que esses hábitos exigem. Hábitos tanto mais valiosos quanto melhor assegurem a aquisição e a prática dessas "virtudes". É assim que os estudantes se alienam até o grau em que "seu desenvolvimento pessoal esteja ajustado aos apelos do sistema econômico, cujas exigências existem independentes das exigências humanas".[45]

Em um sistema em que a subordinação, a disciplina, a ordem, a obediência e a paciência são as virtudes favoritas, ocorre perguntar como é possível dar espaço para a necessidade de liberdade, franqueza, honestidade, criatividade, afeto e outras virtudes próprias dos jovens, os únicos que podem garantir a aquisição do perfil de um homem com capacidade de revolucionar sistemas humanitariamente destrutivos.

III. O DOCENTE COMO INSTRUMENTO DE AÇÃO POLÍTICA

> Professores, vossa obrigação não é para com a escola, mas para com a sociedade.
>
> *A. S. Neill*

A peça-chave, o instrumento central da ação político-pedagógica na escola, é o docente. Não vale dissimular o problema lançando mão da neutralidade ou da "apoliticidade". O docente, querendo ou não, consciente ou inconscientemente, exerce uma importante ação política. Os educadores que não fazem política, escreveu Girardi, acabam praticando a política de submissão ao mais forte. Sua neutralidade os converte em instrumentos facilmente manejados pelos detentores do poder político. Portanto, não é correto pensarmos que sua atividade pedagógica esgota-se em si mesma, por mais ascética que seja considerada.[46]

Contra os que ingenuamente são partidários da neutralidade política do docente, Bonilauri assegura que "o aluno tem sua consciência muito mais modelada pelo que o ensinante arbitrariamente

---

45. A. Gras, *op. cit.*, p. 316.
46. "Condenar as atitudes partidárias em classe equivale a militar implicitamente a favor de uma adesão aos valores dominantes. Prova disso é a correlação estatística que se observa entre o conservadorismo político e a aceitação da idéia de neutralidade entre os ensinantes" (Bonilauri).

recusa abordar do que pelo que trata de modo direto".[47] Sua atitude pessoal, *de per si*, envolve positiva ou negativamente uma postura política. E mais, se a maioria dos docentes não fosse ultraconformista, o sistema escolar não funcionaria ideologicamente. A preservação do *status* e a transmissão dos valores burgueses é possível graças à atitude acrítica e conformista dos ensinantes.

Para que a interrogação crítica sobre a função social da escola não mine sua consciência (Natanson), para que as contradições que envolvem seu trabalho não o obrigue a arrancar a máscara, é imprescindível que o professor esteja sempre muitíssimo ocupado. Deixar-se absorver pela renovação dos métodos pedagógicos, pela modificação de programas, pela utilização de tecnologias educativas e, inclusive, pelo uso de metodologias participativas — e estou me referindo aos bons educadores, mas que previamente não souberam ou não quiseram resolver sua "inconsciência política" — equivale a desviar-se dos problemas medulares da educação sob o pretexto da modernização e atualização do sistema escolar. Por toda a parte promovem-se reformas educacionais, experimentam-se novas metodologias de trabalho e promovem-se estruturas "mais flexíveis", como se os males da escola pudessem ser remediados com arranjos e mudanças que não transcendem a sala de aula.

Certamente as instituições escolares não são recintos incontamináveis fechados em si mesmos, onde o professor-jardineiro concentra sua atenção e seu trabalho exclusivamente da porta para dentro. Sabemos muito bem que "a esta altura da crise não há outra saída senão uma reflexão profunda sobre o sentido e a finalidade de sua função educativa".[48] Reflexão que, no dizer de Natanson, tem que ser profunda, radical e totalmente liberta dos tabus que a aprisionam ao sistema.

Estamos de acordo com Georges Snyders quando este sublinha que as responsabilidades do educador jamais poderão desconectar-se da realidade social na qual está inserida a escola. Não nos iludamos com a crença de que podemos promover uma "boa" escola em uma sociedade "má"; nem percamos de vista — e já repetimos isto outras vezes — que cada sociedade tem a escola que melhor responde aos seus postulados políticos. "O movimento para transformar

---

47. A. Gras, *op. cit.*, p. 165.
48. J. J. Natanson, *La Enseñanza Imposible*, s. 1, Sociedad de Educación, Atenas, 1976, p. 59.

a escola não é mais que o mesmo movimento que transformará a sociedade: cada avanço parcial vale por si mesmo e como garantia de que é possível uma mudança total".[49]

A tese de Michel Lobrot de que a sociedade de amanhã construir-se-á pela escola ou não se construirá é válida na medida em que soubermos o tipo de sociedade que estamos dispostos a promover, e aceitarmos politicamente a responsabilidade que nos cabe nesta enorme tarefa. Tarefa que para nós, educadores, é antes de mais nada a de clarificar e acelerar o processo político em nível educacional, mesmo que isso nos obrigue a "voltar o processo educativo contra os fins que lhe foram estabelecidos pelo sistema".[50] Cabe uma observação: se o educador exerce uma atividade atomizada, um trabalho monótono e rotineiro, se deixa-se levar por uma avalanche de ações intranscendentes e, além disso, submete-se a uma regulamentação e a uma administração kafkiana, é porque não só é um instrumento como também, por sua vez, está instrumentalizado. O ser e o sentir-se "instrumento-instrumentalizado" é um pré-requisito importante para que o processo ideológico ocorra sem maiores contratempos.

É mais uma das tantas contradições do sistema: o docente tem de aceitar o fato que de seu trabalho depende a "transformação radical" da sociedade, e ao mesmo tempo sentir-se uma peça a mais do maquinário estatal; não perceber a ideologia dominante e ao mesmo tempo ser, indubitavelmente, seu transmissor mais autorizado; ser prisioneiro e, sem o saber, introduzir os jovens na sua própria prisão; estar integrado e ser integrador; ser apolítico na medida em que sua "apoliticidade" é a razão principal de sua eficácia política (Girardi).

Como instrumento ideológico, em última análise, sua função tem a mesma natureza da função policial e, como instrumento ideologizado, não podendo sobrepor-se à própria ideologia, é incapaz de responder à pergunta de por que segue aferrado a uma profissão tão contraditória. Ensinar por ensinar é absurdo e, além do mais, um círculo vicioso. "Educadores que durante anos aprenderam o ensino, sendo o ensino o que precisam ensinar; quer dizer, ensi-

---

49. G. Snyders, *Adónde se Encaminan las Pedagogías sin Normas?* Barcelona, Planeta, 1976, p. 243.

50. J. J. Natanson, *op. cit.*, p. 136.

nam-se a si mesmos para assegurar-se pessoalmente e perpetuar-se como corpo".[51]

A crise do educador nasce do desgosto motivado pela falta de sentido de uma atividade que cai no vazio. Ele se pergunta — sem encontrar resposta satisfatória — sobre a finalidade de sua prática, sobre seu *status*, sua identidade, suas motivações.[52] Frente a esse problema resta uma saída: aceitar plena e conscientemente as responsabilidades envolvidas na ação político-pedagógica. Exercer a profissão, enfrentando-a com todos os seus riscos e conseqüências. Do contrário, como disse Natanson, é melhor dedicar-se a vender gravatas ou geladeiras, ou ainda ser empresário ou funcionário público como todo mundo.

O docente, na medida em que fizer de sua profissão uma opção política, recobrará sua dimensão educativa. E o que significa opção política? De modo algum ela pode ser entendida como uma ação partidária. A política partidária deve ser descartada desde o primeiro momento. É evidente, portanto, que não significa "filiar nossos alunos a um partido ou sindicato, nem sequer a um sistema de pensamento. Não somos recrutadores de nenhuma ideologia. E pouco nos importa, definitivamente, suas futuras opções políticas, sociais, filosóficas ou culturais. Simplesmente temos que incentivar-lhes um despertar político, quer dizer, fazê-los descobrir esse gosto pela liberdade de espírito, essa vontade de resolver os problemas do conjunto, esse sentimento de serem responsáveis pelo mundo e pelo seu destino, elementos que criam os verdadeiros revolucionários (até nos países socialistas), que podem dinamizar nossos jovens desde já e encaminhá-los para uma ação militante amanhã. E sem proselitismos, sem procurar doutriná-los, mas apenas abrindo-os para todas as discussões e todas as trocas.[53]

Opção política é, portanto, tomar partido frente à realidade social, é não ficar indiferente ante a justiça atropelada, a liberdade infringida, os direitos humanos violados, o trabalhador explorado.

---

51. Vários autores, *Enseñanza. Debate Público*. Madri, Maribel Artes Gráficas, 1976, p. 17.

52. Educadores conscientes e críticos representariam um perigo potencial para as classes dominantes. Esse perigo explica o porquê da vigilância permanente dos donos do sistema para que não se produza o mínimo de racionalização, de crítica e de pensamento. A ordem é muito clara: o sapateiro com seus sapatos e o professor com sua cátedra.

53. G. Lapassade, *Autogestión Pedagógica*. Barcelona, Granica, 1977.

Tomar partido pela justiça, pela liberdade, pela democracia, pela ética, pelo bem comum, é opção política, é o fazer político.

Por isso não se pode afirmar, a não ser que se caia no vazio, o caráter apolítico da educação. Todo educador consciente tem de valer-se das possibilidades que lhe oferece a ação pedagógica para inculcar em seus alunos o espírito de luta contra todas as formas de injustiça, de corrupção, de violação das leis. Sabendo que a corrupção, a violação das leis, o roubo, a injustiça e a divisão de classes, como fatos concretos e reais, são os maiores obstáculos à sociedade que aspiramos. O educador-político faz da escola uma tribuna contra a violência institucionalizada, o egoísmo estrutural, a exploração, as relações competitivas, as estruturas de produção injustas. Agir diferente seria abdicar vergonhosamente das obrigações e compromissos profissionais; seria também renunciar ao próprio desenvolvimento pessoal e social; seria, enfim, privar os estudantes dos instrumentos de análise — políticos, econômicos, sociais e culturais — de que necessitarão.

Se em alguma época a opção política do educador foi importante, hoje ela é mais importante do que nunca. Sem essa opção e esse compromisso será cada dia mais difícil a mudança social. Enfim a opção política do educador, tal qual a concebemos aqui, é a condição — e de alguma maneira é também a garantia — do devir histórico que conclama nosso povo.

Essa posição política envolve o docente com riscos de toda a ordem. Fazer da educação uma militância é, em primeiro lugar, questionar por meio da própria vida as estruturas caducas do sistema de ensino atual e é, além disso, incrementar voluntariamente as contradições, visando a solução das mesmas. Recusar essa luta e esses compromissos seria exercer a profissão de forma desonesta. Essa tomada de consciência por parte dos educadores é a pedra fundamental para tornar viável qualquer projeto histórico alternativo em educação. Apenas uma atuação desse tipo promoverá uma mudança radical no sistema. O educador, convencido de que está preparando homens para uma sociedade justa e democrática, atuará de forma radicalmente diferente daquele cuja preocupação máxima é cobrir os diferentes conteúdos do programa. Um educador conscientizado procura uma forma de desmascarar a ideologia dominante e de criar em seus alunos uma atitude crítica. Em síntese, um educador que alimenta sua ação com a necessidade de formar um determinado tipo de homem e de sociedade fará de sua profissão uma práxis política explícita e consciente.

Tudo isso acarretará o fim de muitas práticas escolares necrófilas. Se estamos convencidos de que todo homem tem um papel histórico a desempenhar, temos de desejar que o estudante o desempenhe desde os bancos da escola.

Isso nos leva à afirmação de que a opção política tem de ser institucional. Temos de fazer da escola uma forja de homens livres, democráticos, participativos e com capacidade e possibilidade de expressar sua realidade. E devemos fazê-lo não como um objetivo para o cidadão do futuro, mas como uma vivência permanente do estudante dentro da instituição, mediante a qual se transformará a "escola quartel" [54] em um espaço aberto, onde se possa alcançar esse processo de autêntica politização do estudante. Estudantes que participam e se co-responsabilizam estão fazendo política, como fizeram os alunos de Barbiana,[55] porque se faz política vivendo a plenos pulmões os processos sociais dentro do centro escolar. Os estudantes têm que aprender a organizar-se organizando-se, e têm que aprender a ser livres libertando-se.

---

54. F. Oury e J. Pain, *Crónica de la Escuela Cuartel*. Barcelona, Fontanella, 1975.

55. Alunos de Barbiana, *Cartas a una Professora*. Buenos Aires, Schapire Editor, 1972. L. Milani, *Maestro y Cura de Barbiana*, Madri, Marsiega.

2. A EDUCAÇÃO COMO PROJETO POLÍTICO

> Toca esta terra fresca, irmão meu, mestre.
> É poderosa e doce entre as mãos.
> Quer escapar, às vezes, como se estivesse viva.
> É terra americana, de Costa Rica, terra que murmura à noite pedindo mais sementes, mais arados, mais braços, mais ternura.
> Irmão meu, mestre, todos os homens são sementes do mundo.
>
> *Jorge Debravo*

I. PROJETO POLÍTICO ALTERNATIVO

> O paradoxo é que uma melhoria substancial do funcionamento e do rendimento do sistema de ensino seria, no nosso sistema sócio-econômico, uma verdadeira catástrofe social.
>
> *Natanson*

Por projeto alternativo em educação entendemos a transformação radical dos sistemas de ensino, de modo que se torne possível a "criação de uma cultura alternativa como expressão de um homem novo".[1] Afirmou-se que "é impossível transformar o sistema educativo a partir de seu interior. Apenas uma transformação do sistema econômico, social e político poderá desembocar em um sistema escolar diferente. Caso admita-se a relativa autonomia do sistema escolar".

Nós sustentamos a tese de que ambos os processos terão de ocorrer pela inter-relação e dependência que guardam entre si. Nem um novo homem sem a mudança das estruturas sociais, nem a mudança das estruturas sociais sem a formação do homem pretendido por essa nova sociedade. Uma consciência nova e um novo comportamento social só podem ocorrer em e com a recriação de

---

1. G. Girardi, *Por una Pedagogia Revolucionaria*. Barcelona, Laia, 1977, p. 86.

uma nova ordem social. Como Garaudy[2] podemos dizer que uma revolução não pode definir-se apenas pela mudança das estruturas, mas também pela mudança dos homens.

É por isso que todo projeto alternativo em educação deve contemplar este duplo objetivo. Marx disse que "os homens são produto das circunstâncias e da educação e, portanto, os novos homens são produto de circunstâncias distintas e de uma educação distinta. Mas não se deve esquecer que as circunstâncias são mudadas precisamente pelos homens e que o próprio educador precisa ser educado".[3]

O projeto educacional, por ser também político, de alguma maneira tem que impulsionar a concretização do projeto histórico nacional. Os acontecimentos sócio-políticos dos países do Terceiro Mundo demonstram que a "harmonia" e a "ordem" sociais tão firmemente defendidas por alguns grupos de poder são rejeitadas, até violentamente, por outros setores que compreenderam que a tal "ordem" não é senão uma forma de encobrir as injustiças, a exploração e a corrupção.

Sob esse ponto de vista, entre os educadores também está ocorrendo uma tomada de consciência, tanto individual como em nível de categoria, mesmo que de forma bastante lenta devido ao conformismo mítico e à submissão acrítica que, como funcionários, muitos docentes mantêm com relação à política do governo.

Os políticos sabem, também, que a politização das massas populares é um fenômeno que, graças às próprias contradições do sistema, tende a incrementar-se e, conseqüentemente, a ser uma força que influi — ou deveria influir — na elaboração e na execução dos programas de governo. Nesse compromisso histórico, os educadores

---

2. "Muda primeiro o homem e conseqüentemente transformarás as estruturas (vinte séculos de pregação cristã demonstraram a impotência deste método), ou então, muda as estruturas e verás nascer automaticamente um homem novo (meio século de experiências históricas nos obrigam a reconhecer que não basta abolir a propriedade privada dos meios de produção e transferir o poder a um partido comunista para que se realize uma democracia socialista, para que apareça um homem novo e uma nova cultura, um novo projeto de civilização)" (R. Garaudy). João Paulo II em *Laborem Exercens* assegura também que a mera passagem dos meios de produção à propriedade do Estado, dentro do sistema coletivista, certamente não equivale à "socialização desta propriedade".

3. K. Marx, citado por Theo Dietrich em *Pedagogía Socialista*. Salamanca, Ed. Sígueme, 1976.

— muito mais que outros profissionais — têm, por vocação, uma tarefa decisiva a cumprir.

Mas todos devemos estar cientes das grandes dificuldades práticas para se efetivar esta participação política. Primeiramente os educadores têm que tomar consciência de que seu trabalho é uma das formas de politização mais efetiva. Por outro lado, essa conscientização não é, nem pode ser, fruto do espontaneísmo ou do voluntarismo, mas conseqüência da organização e participação políticas, que são pré-requisitos tanto da elaboração como da execução de um projeto alternativo.

A ação educativa que o projeto encerra tem como meta a preparação e a capacitação política dos cidadãos da nova sociedade. Recriar homens novos, críticos, inconformados e criativos é preparar as condições que tornarão possíveis novas estruturas sociais. Como conseqüência, o que interessa no projeto alternativo não é tanto recriar novas formas pedagógicas, mas novas metas sociais.

Educar não mais significará adaptar a criança à "ordem" existente, mas, pelo contrário, colaborar para que por meio de respostas criativas possa resolver as contradições que dificultam a conquista de uma sociedade diferente. Não interessará tanto o como "aprender a ser" e o como adaptar-se a uma sociedade já pronta, mas antes o como "chegar a ser" em uma sociedade que está para ser feita.

Esse fazer político-pedagógico, inerente ao projeto alternativo, significa transcender a "racionalidade" de nossa sociedade "irracional". Esse é o motivo pelo qual, no projeto, precisamos nos preocupar muito mais com os fins do que com os meios. Antes do como, devemos definir o porquê e o para quê. Em outras palavras, devemos principiar definindo o tipo de homem que nos interessa educar e o tipo de sociedade que devemos promover.

Eis aqui os dois norteadores de toda a alternativa.

Delineados esses objetivos fundamentais poder-se-ão concretizar os meios, os recursos e as particularidades exigidos em cada caso. É o que neste ensaio chamamos de características do projeto que, no nosso entender, constituem as modalidades da nova educação.

Essas características harmonizam-se plenamente com os princípios políticos anunciados no capítulo anterior. Assim, por exemplo, se queremos educar para a democracia é imprescindível que o estudante viva em uma instituição na qual realmente ocorram relações democráticas e participativas; se queremos educar para a produção, a escola tem de ser produtiva; se desejamos educar para a liberdade é necessário um clima de liberdade. Da mesma maneira, temos de educar na autogestão, no diálogo, na criatividade, na justiça e na esperança.

Em educação é necessário sermos congruentes. Não devemos pregar doutrinas que se choquem com o que a sociedade pratica e com o que inculca a própria escola. De pouco servirá uma grande precisão dos meios se não tivermos clareza sobre a coerência desses meios relativamente aos grandes objetivos do projeto. Sabemos que modificar a escola atual — sem mudar os objetivos — é fazê-la mais eficiente e, em conseqüência, servidora sempre mais fiel da estrutura social. A mudança mais importante não tem a ver com programas, nem com medidas administrativas, mas com aqueles elementos capazes de gerar novas e significativas relações sociais.

Em outras palavras, a ênfase da mudança não deve estar na escola em si, mas naquilo que possa modificar as relações estruturais da sociedade. Em síntese, trata-se de como tornar a escola um instrumento o mais eficiente possível para levar a bom termo os grandes objetivos do projeto histórico global.

Se falamos de mudança de relações — escola-sociedade — é porque desconfiamos do valor de uma alternativa pedagógica que não consiga modificar as relações sociais, da mesma maneira que desconfiamos de toda a mudança social que não esteja acompanhada de uma alternativa pedagógica que garanta um processo educativo cada vez mais participativo e democrático.

Promover, nas atuais circunstâncias, um projeto alternativo com as características político-educativas que aqui assinalamos será, para muitos educadores, pouco menos que impossível. Outros o considerarão utópico, oxalá no bom sentido do termo. Porque não podemos perder de vista que toda mudança — todo processo revolucionário — antes de plasmar-se em realidade é uma utopia. Em todo o movimento de renovação, disse Tonucci, há um tom de utopia; a esperança é que a utopia e a realidade aproximem-se o mais possível.

Nós educadores estamos convocados para promover essa aproximação. Nenhum outro trabalhador social tem tantas oportunidades para o fazer. Por isso é que, sem uma visão utópica e sem um compromisso, o processo educativo resulta em uma espiral de esterilidade e decomposição, frente à qual nenhuma "reforma educativa" teve ou terá capacidade remediadora. A meta utópica do projeto alternativo não deve confundir-se com a "utopia" de algumas experiências educativas, tipo *Summerhill*, que pretendem acabar com os males sociais sanando algumas das incoerências pedagógicas da escola.

Neste ensaio sustentamos a hipótese de que os educadores, como instrumentos da "política educativa" das classes dirigentes, carecem de projeto próprio. Na medida em que são afetados, respaldam ou criticam as diferentes reformas ministeriais. Parece que nem sequer possuem a força para gerar um projeto alternativo que, nascido e organizado nas próprias bases de seu trabalho, venha a dar à educação a dimensão política de que carece. A verdade é que em nossos países o projeto alternativo está por nascer. Nascerá no dia em que os educadores, convencidos de que a educação, mais que um problema técnico, é um problema político, optem por resolvê-lo politicamente. Essa decisão não pode esperar mais tempo, se se levar em conta que a preocupação educacional dos políticos não vai além de respostas imediatistas, que apontam exclusivamente a solução dos aspectos quantitativos. Essas respostas, totalmente lineares e politicamente condicionadas, não fazem senão aumentar e complicar o aparato escolar, já *de per si* praticamente imanejável.

Do projeto alternativo depende em larga medida a recriação cultural do país, assim como a transformação do próprio sistema educacional, na medida em que todo projeto alternativo que se concretiza como apoio para novas estruturas sociais leva aos educadores um poder de convencimento muito grande.

As possibilidades de mudança contidas em um projeto alternativo são realmente enormes, se se levar em conta o grande poder de convencimento que seus resultados têm sobre os próprios educadores. As dificuldades não vêm dos professores — "valorosos escravos de nossa sociedade, condenados a perpetuar o mesmo sistema de que são vítimas" — [4] e nem sequer dos descrentes, mas dos que sabem que a educação é uma poderosa alavanca da mudança social. A experiência de todos os dias, e em todos os países, demonstra que uma "reforma educativa" que não modifique as estruturas contará sempre com a aprovação e o apoio dos grupos no poder; dar-se-á o contrário quando implicar e gerar uma alternativa de participação política.

---

4. G. B. Leonard, *Educación y Éxtasis*. México, Trillas, 1974, p. 12.

II. O HOMEM NOVO

> A economia como essência da vida é uma enfermidade mortal.
>
> *E. Fromm*

O objetivo prioritário do projeto alternativo é o homem, e assim é porque o homem, como tal, é projeto, significando essencialmente um ser inacabado sua plena realização. "O homem, cada homem e qualquer homem, pode ser e será o criador de sua própria história e não mais o objeto da história de algum outro".[5] É o homem e seu pleno desenvolvimento como ser transcedente que deve ocupar todo o horizonte de nossas preocupações.

A concepção do homem, na qual se deve assentar o projeto educativo, tem duas implicações essenciais. De um lado deve considerar todas as dimensões e as potencialidades do ser e, de outro, deve assentar-se em suas possibilidades reais e na compreensão de sua situação específica no mundo. O homem possível parte do homem real, com todas as contradições e peculiaridades do seu aqui e agora.

Portanto, temos que projetar a imagem do homem que buscamos necessariamente, através dos traços e contradições do presente, somados aos que nos permitam vislumbrar esse caminhar até a sociedade do futuro. É no presente — que nos amarra fortemente à realidade — e no futuro — que nos impulsiona a superar os paradoxos do presente — que se encerra a polaridade que nos obriga à conquista de "um homem cada vez mais homem" e de "uma vida humana cada vez mais humana".

Se nos propomos a alcançar um homem livre, justo e digno, é porque sabemos que a maioria dos homens, hoje em dia, não vive na liberdade, na justiça e na dignidade. Se desejamos um homem pleno e humanamente realizado é porque muitos milhares de milhões de pessoas vivem alienadas, dilaceradas, divididas e impossibilitadas de compreender o porquê de sua existência neste mundo.

Sabemos que o homem se humanizará e se converterá em um "ser autêntico", em um "homem total", na medida em que transforme sua própria objetividade e recrie-se a si mesmo como "pro-

---

5. R. Garaudy, "Una Nueva Civilización". Madri, *Cuadernos para el Diálogo*, 1977, p. 136.

duto da natureza" e produto social, fazendo-se sujeito de sua própria subjetividade. Esta polaridade do ser e do dever ser, daquilo que se é e daquilo que se deve ser, permite-nos delinear os traços fundamentais do perfil do homem, desse novo homem, meta de todo o projeto alternativo.

De acordo com nosso critério, estes são os três traços mais evidentes:

1. *Um homem que em íntima conexão com os problemas de seu tempo consegue conscientizar-se em contato com seu mundo.* Buscamos um tipo de homem que, como sujeito histórico, necessita enfrentar permanentemente sua situação presente, com seu modo existencial, porque mediante este conhecimento da realidade será capaz de transformá-la e recriá-la, recriando-se e transformando-se ao mesmo tempo.

O conhecimento da realidade ocorre como resultado do processo dialético entre o sujeito e seu mundo, entre sua afirmação como sujeito e a abertura para o universal. É esse ser histórico, essa consciência crítica e esse ser-em-relação que constituem o primeiro traço do homem que buscamos.

Afirmamos, portanto, a necessidade de fundamentar nossa ação educacional sobre o significado do homem em seu mundo, sobre a significação própria desse significado, ou desse modo de existir, e sobre as conseqüências relacionais e de compromisso desses modos de existência. A ação educacional é, conseqüentemente, uma derivação desse ser e desse estar do homem no mundo.

Assim, explica-se o por que a tomada de consciência se dá em estreita conexão com a realidade concreta, com o aqui e o agora, que nos aprisiona ou que nos libera. Tomada de consciência que se inicia com o estudo situacional, na medida em que "representa o descobrimento de 'um modo de existência humano' dentro de uma circunstância histórica que envolve... a existência concreta dos homens no mundo e a dimensão humana que surge, existencialmente também, das relações de significado histórico".[6]

Este homem histórico que se conscientiza no contato com sua realidade, que se afirma dinamicamente no processo de diálogo com

---

6. J. Barreiro, *Educación Popular y Proceso de Conscientización*. México, Siglo XXI, 9.ª ed., 1984, p. 53.

seu mundo, é sempre um sujeito em devir, fazendo-se, como a própria sociedade na qual ele se faz. Conseqüentemente, tanto o sujeito como a sociedade têm que ser vistos não como algo feito e acabado, mas como processos que, embora captados no presente, projetam-se em direção ao futuro, como uma busca, como uma atualização de potência, como um aperfeiçoamento do ser.

Da relação de diálogo do sujeito com seu mundo dá-se o conhecimento que, se for verdadeiro, desembocará necessariamente na expressão do mundo pelo sujeito. O produto do processo, ou a transformação e recriação da realidade, é uma conseqüência necessária do processo iniciado. Em outras palavras, a conscientização do sujeito envolve um trabalho organizado e produtivo. Não mais se trata, portanto, de um método pedagógico, mas de um projeto histórico onde a educação deixa de ser abstração. É uma alternativa pedagógica referendada em alternativas mais globais.

Por isso acreditamos que este projeto não seria válido se não se fundamentasse em uma concepção filosófica do homem que superasse a visão política e econômica e todas as outras visões parciais, que sustentam respostas pedagógicas também parciais.

Estamos conscientes de que a educação não deve partir de um homem abstrato, de um homem concebido *a priori*, mas de um homem que — como temos repetido — esteja consubstanciado em sua própria realidade com todos os condicionamentos materiais de sua existência, quer dizer, determinado por categorias históricas que o delimitam como ser humano. "Assim, quando falo da mulher e do homem, estou referindo-me a seres históricos e não a abstrações ideais. Falo de seres cuja consciência está intimamente ligada à sua vida real e social".[7]

Quatro obstáculos dificultam o alcance deste traço do perfil. Procurarei sintetizá-los:

a) Afirmar que o homem de nossos povos vive em uma sociedade de classes é uma coordenada necessária, se queremos ancorar a prática pedagógica em uma referência antropologicamente decisiva. Esta clarificação é ainda mais necessária quando sabemos que a classe dominante geralmente se justifica, a seus próprios olhos e aos olhos da sociedade, ao apresentar os interesses de classe como

---

7. P. Freire, exposição feita durante o Simpósio Internacional de Alfabetização, realizado em Persépolis, 1975.

se fossem a expressão do interesse de todos. Não importa que essa justificativa ocorra em um nível inconsciente, razão pela qual o opressor — que não se designa assim, e que às vezes tampouco se conhece e se acredita assim — apresenta-se às classes oprimidas como um modelo de interpretação do mundo, que os menos favorecidos procuram introjetar "como figura idealizada para admirar e tentar igualar, se for possível".[8]

Esse mascaramento mítico da realidade é um dos obstáculos mais sérios para o florescimento e desenvolvimento do homem novo. Não há produto educacional possível quando existe incompatibilidade estrutural entre os indivíduos por causa do antagonismo dos interesses de classe.

b) Um dos produtos desse antagonismo de classes é o homem oprimido. Ao falar do homem oprimido temos de fazê-lo com extrema precaução, a fim de não abusar de uma referência esvaziada de seu significado primordial. O homem oprimido a que nos referimos é o que surge do conflito histórico que hoje vivemos. Não é esse "homem" objeto de promoção de muitos programas de educação "integral" e alfabetização, que pomposamente se autodenominam conscientizadores. Não se trata de ensinar o homem oprimido a "viver melhor" dentro de um sistema que por suas relações estruturais é opressor. É ilusório pretender mudar o homem enquanto a estrutura social do sistema sócio-econômico permanecer inalterada. Um projeto de libertação humana que não humanize, ao mesmo tempo, o projeto social global, é contraditório e enganador.

Só dentro de um sistema social justo, dentro de uma nova ordem social, será viável a libertação desse homem real a que estamos nos referindo. Esse homem real que, como afirma Girardi, "não existe senão como algo relativo a um sistema social dado, a um modo de produção e a uma posição de classe".[9]

c) Com a opressão dá-se a manipulação cultural. A invasão cultural — interna e externa — constitui uma violação da pessoa, já que impede ao homem a compreensão e a expressão de seu mundo e, conseqüentemente, o nascimento e o desenvolvimento de uma cultura popular.

---

8. J. Barreiro, *op. cit.*, pp. 68-69.
9. R. Garaudy, *op. cit.*, p. 114.

Essa manipulação cultural é particularmente notória nos meios maciços de informação. Através desses meios, da computação e de outras tecnologias altamente sofisticadas que se opera um forte controle social por parte das classes e grupos interessados em conservar o sistema vigente. Esta cultura falsamente chamada de cultura de massa, por ser manipuladora, opõe-se fortemente ao surgimento do homem novo, na medida em que destrói a autêntica comunicação humana e social.

As linguagens dos meios, longe de contribuírem para a libertação humana, são instrumentos que ocultam e mascaram a realidade. De outro lado, existe um mito, propagado à direita e à esquerda, que consiste na sacralização do conhecimento científico. A ciência é "a primeira religião universal, da qual participam cristãos, agnósticos e marxistas".[10] Esse mito nos obriga a professar o dogma da objetividade da ciência. Assegura-nos que o "caminho de acesso à realidade só é possível mediante uma visão limpa de distorções subjetivas pessoais",[11] como se o compromisso do homem no processo de transformação da realidade fosse um perigo.

Mas sabemos bem que as possibilidades da ciência — certamente extraordinárias — existem em função de objetivos políticos e de interesses econômicos dos Estados, dos monopólios e das multinacionais. De modo algum a ciência é ideologicamente neutra. Seu próprio conteúdo e seus métodos são ideológicos. Para os educadores, a ciência deve ser válida enquanto estiver a serviço do homem. Mas sem dúvida devemos confessar que "da mesma forma que a indústria tem por destino libertar o homem do trabalho mediante o maquinário e não faz senão aprisioná-lo às máquinas, a ciência, que pretende libertá-lo da natureza, não faz senão aprisioná-lo a uma sociedade irracional e a-histórica. Os científicos mercenários do saber não concebem o homem como sujeito, como ação, como vida, mas o transformam em cifras, modelos e objetos".[12]

Acima dos interesses humanos, procura-se uma forma de alcançar os interesses do lucro e do poder. E são precisamente o lucro e o poder que controlam, também "cientificamente", a infor-

---

10. H. L. Niebur, "En Nombre de la Ciencia", citado em *Cuadernos de Educación*, n.º 67, Caracas, Laboratório Educativo, p. 10.
11. *Ibid.*, p. 12.
12. Vários autores, *El Silencio del Saber*. México, Nueva Imagem, 1979, p. 27.

mação e os códigos de informação social. Pensemos, por exemplo, no "poder cibernético" e nos "meios de informação coletiva".

O controle da informação pelos grupos de poder é quase perfeito, é uma demonstração a mais de como a tecnologia trata de evitar "o rosto humano", buscando assim a perda da subjetividade humana e a cisão do homem. Dessa forma, a ciência e as ciências da informação manejadas por interesses econômicos fazem do homem um ser totalmente incapaz de reconciliar-se consigo mesmo e de comunicar-se com os demais.

Paralelamente ao fenômeno da manipulação cultural e científica, dá-se o fenômeno da fetichização da mercadoria e do consumo, quer dizer, da produção, não para o bem-estar do homem, mas para a acumulação de capital. Isto acarreta um tipo de homem que vive para consumir e que, para consumir incessantemente, tem de introduzir-se a si mesmo na engrenagem da produção sem fim.

d) A ideologia constitui um quarto impedimento para a aproximação da realidade. Enrique Dussel, em *Filosofía de la Liberación*, diz que "a ideologia, seja política, erótico-machista ou pedagógica, é um discurso que justifica a ação dominadora por ocultá-la. Descobrir a questão da ideologia é abrir o capítulo da semiótica conflitual, que parte do silêncio obrigatório a que foi reduzido o povo da periferia e, na periferia das classes oprimidas, operários, camponeses, a mulher e a juventude".[13]

2. *Um homem social em devir e em processo criativo permanente.* Apesar do nosso desejo de formar o homem em comunhão com sua própria realidade, todos conhecemos a dificuldade dessa tarefa. Estamos conscientes de que nossas conceitualizações antropológicas apóiam-se, com muita freqüência, em afirmações ideológicas muito distantes da realidade. Na raiz dos movimentos de educação libertadores e da chamada teologia da libertação, produziu-se na América Latina muita literatura antropológica. Falamos e continuamos a falar do homem novo e demos a este homem novo uma série de características — ainda que intuitivas e por vezes manuseadas e idealizadas — às quais temos de recorrer como apoio para nossas reflexões.

---

13. E. Dussel, *Filosofía de la Liberación*. México, Edicol, 1977, p. 134. O fator ideológico foi tratado com mais amplitude no capítulo precedente.

Gostaria de aproximar-se do segundo traço do perfil com uma afirmação a que recorreu Theo Dietrich em seu livro *Pedagogia Socialista*, derivada sem dúvida de alguns pressupostos antropológicos de Marx: "O trabalho produtivo, socialmente útil, é o que forma o homem autêntico".[14] Para João Paulo II, "o trabalho constitui uma dimensão fundamental da existência humana sobre a terra".[15] As reflexões em torno do segundo traço do perfil, fundamentadas nesses dois textos, procuram visualizar esse homem em devir que se realiza e se humaniza em um determinado contexto social, por meio do trabalho criador.

O fato de que nossas especulações estejam baseadas na existência social do homem como uma de suas características básicas não implica a negação da sua individualidade, nem o menosprezo pelas peculiaridades de sua subjetividade. É impossível pensar em uma sociedade, por mais socializada que seja, na qual não haja um grande respeito — o máximo respeito — pela individualidade de cada pessoa. Um socialismo sem fé nas possibilidades de cada homem contradiz-se a si mesmo. Sem falar no capitalismo, que como estrutura sócio-econômica fundamenta-se na competência, no individualismo e, em conseqüência, na exploração do homem pelo homem.

A sociedade do futuro será tanto mais valiosa e autêntica quanto mais favorecer "o desenvolvimento integral da pessoa, o compromisso comunitário, a comunhão fraterna e o diálogo, e o processo de participação popular".[16] Este socialismo com rosto humano deve caracterizar-se pela recriação de um novo tipo de relações humanas, dentro de uma nova estrutura social. "Desde o Renascimento" — diz Garaudy — "nossas sociedades ocidentais oscilaram invariavelmente entre o individualismo selvagem e o totalitarismo explosivo, em função do que sente-se a necessidade de reencontrar as relações comunitárias de homem a homem". Quer dizer, é preciso passar "do homem individualista, competitivo e destruidor, ao homem essencialmente comunitário".[17]

Não obstante seja certo que o homem é fruto de seu ambiente e das estruturas sociais que o moldam, não podemos esquecer que

---

14. *Op. cit.*, p. 9.
15. *Laboren Exercens*, San José, Costa Rica, Ed. Librería Católica, 1981, p. 20.
16. Terceira Conferência Geral da CELAM, Puebla, México, reimpressão, Panamá, 1979.
17. R. Garaudy, *Militancia Marxista y Experiencia Cristiana*. Barcelona, Laia, 1979, p. 47.

ele está conclamado a modificar as estruturas sociais que o oprimem. O desenvolvimento do homem como ser individual e como ser em sociedade depende em boa medida das mudanças reais que conseguir imprimir ao mundo em que vive.

Nesse processo dialético de mudança estrutural, o que realmente deveria nos interessar são dois aspectos: primeiro, como se dá e como deveria se dar a contribuição do homem nesse processo de mudança e, segundo, como essa mudança modifica o homem inserido nesse processo. Temos de reconhecer, como Marx, que "a natureza que nasce no transcorrer da história humana, como resultado do ato criador da sociedade, é a natureza real do homem nascido graças à produção, e é, apesar de sua forma alienada, a verdadeira natureza antropológica".[18] Seria absurdo contrapormos aqui as abordagens das ciências psicológicas às das ciências sociais e das ciências históricas.

Hoje, mais do que nunca, as ciências da educação requerem um enfoque epistemológico.

Interessa-nos destacar a premissa de que o homem, com seu trabalho socialmente produtivo, recria e transforma o mundo em que vive; aceitamos, além disso, que esta "criação não consiste em um ato único, mas em um processo histórico no qual a realidade criada pelo homem tende a fazer-se cada vez mais rica e complexa".[19] Tratando-se, portanto, de um processo histórico que requer o conhecimento constante das etapas já percorridas, a conclusão de que "o homem cria o mundo significa, por conseguinte, que o mundo cria o homem".[20]

O homem como ser em devir transforma-se constantemente, transformando o mundo. Esse processo criador é necessariamente dialético: de aceitação e recusa, de construção e destruição, de subjetividade e de objetividade, de morte e de vida. Por isso nem sempre é fácil dar esse passo qualitativo, que pressupõe o abandono das realizações alcançadas para ascender a um ponto mais alto, a uma realização mais acabada.

A mudança, a modificação e a transformação que envolvem o abandono, ou melhor, a superação e a vitória, nem sempre se dão

---

18. K. Marx, citado por B. Suchodolski em *Tratado de Pedagogía*. Barcelona, Península, 1971, p. 82.
19. B. Suchodolski, *op. cit.*, p. 87.
20. T. Dietrich, *op. cit.*, p. 82.

lógica e racionalmente. A contradição que encerra a própria essência do desenvolvimento tem que recorrer com freqüência ao processo revolucionário, porque de alguma maneira o processo evolutivo ficou estanque e petrificado.

Mas o homem é um ser histórico na medida em que é criador. Pelo ato criativo vai além das metas alcançadas, projeta-se no futuro, ultrapassa o aqui e o agora. Por isso nenhum processo humano e social pode permanecer fixado em objetivos e metas. O homem supera-se a si mesmo tanto quanto for capaz de superar as "marcas" alcançadas. Uma educação que se limite a ultrapassar o tesouro cultural, os valores já experimentados, de uma geração a outra, de um homem a outro, de uma civilização a outra, é um atentado à própria dinâmica do desenvolvimento humano e social. O homem é renovador de formas, transformador de estruturas, recriador de relações.

É sob o prisma desse processo, nesse devir, nesse caminhar, nesse fazer histórico, que devem ser enfocadas e medidas as opções pessoais. Apenas sob essa ótica será possível uma orientação racional da existência, podendo ser tomadas decisões adequadas no marco do desenvolvimento social.

O ato criador é uma resultante da influência de necessidades objetivas e subjetivas. É o ato convergente da visão conotativa e denotativa. É uma exigência da realidade e uma livre determinação do "eu". O homem produz não por uma cega necessidade das leis de produção, verdadeira alienação do trabalho, mas por livre determinação. Sem confundir, no entanto, livre determinação com voluntarismo e espontaneísmo. O ato criador será tanto mais rico quanto maior for o conhecimento técnico, o compromisso pessoal e a capacidade imaginativa.

Em uma sociedade empenhada em valorizar o trabalho pelos seus resultados objetivos — desconhecendo os valores subjetivos — importa ressaltar o que o ato criador — e em geral todo o trabalho — tem de subjetivo, de pessoal, de imaginação própria, de originalidade, de intimidade. Em síntese, de um sincero compromisso de alguém com seu próprio mundo.

Ao se recriar a realidade ela, de fato, está sendo "objetivada subjetivamente", está sendo significada por meio de significantes próprios; em última análise, está expressando-se e "pronunciando o mundo", como diria Paulo Freire. Essa expressão do mundo — todos sabemos por experiência — é um processo que, apesar de lúdico, não é nada fácil. É dar à luz em meio à dor, mas ao mesmo tempo à alegria, por resultar na criação de algo novo. Recriar o mundo, recriar a sociedade e recriar-se a si mesmo é luta, conflito, contradição, violência, guerra. Esta é a forma de penetrar no futuro mediante o ato criador. Assim se faz história e, assim, o ser humano se realiza. É a aventura e o risco implícitos no ser e no fazer-se homem. É assim que a existência humana passa a ter sentido e significado. Como diria J. Fabry, é a "tensão do homem entre o que ele é e o que sua consciência lhe indica que deveria ser; é a tensão que existe, em suma, entre sua realidade e seus ideais".[21]

A imaginação, como sustentação do ato criador e como visão conotativa da realidade, é um "fator de desenvolvimento da vida espiritual, já que ajuda a superar as idéias rotineiras, os estereótipos intelectuais, e facilita uma forma nova e audaz de pensar".[22] O ato criador, graças à imaginação criadora, principia sendo "realidade possível", "sonho imaginativo", "utopia realizável". A visão do futuro não é tanto fruto da razão quanto resultado da imaginação, que "intui as possibilidades dentro das quais a sociedade humana pode orientar sua vida futura no marco das realidades".[23] Claro que estes "centros de imaginação", "fábricas de utopias", estes "santuários da imaginação social" são produzidos pela imaginação não como resultado de geração espontânea, mas nascem em conseqüência do choque com uma realidade violenta. É esse choque violento que, de forma incompreensivelmente racional, faz surgir idéias envolventes e visionárias sobre uma sociedade melhor, e é o que suscita a possibilidade de novas e insuspeitas formas de relação social, que tornam possível esse "socialismo com rosto humano" a que nos referimos. É isso que nos obriga a "abrir novas mentes para futuros mais remotos, tanto prováveis como possíveis".[24]

Imaginar o futuro é uma das tarefas prioritárias desse homem imaginativo e criador que buscamos. Quando nossas sociedades sucumbem, vítimas de irrefreáveis interesses econômicos, produzem-se por um lado terríveis injustiças sociais e, por outro, um "crescimento selvagem" que exige em altos brados a necessidade de se

---

21 J. Fabry, *La Búsqueda del Significado*. México, Fondo de Cultura Económica, 1977.

22. B. Suchodolski, *op. cit.*, p. 104.

23. G. Picht, *Frente a la Utopía*. Barcelona, Plaza y Janés, 1971, p. 87.

24. A. Toffler, *El Shock del Futuro*. Barcelona, Plaza y Janés, 1971, p. 488.

imaginar e criar ambientes humanos nos quais o homem como espécie não corra o grave risco de desaparecer.[25]

Pôr fim à "sociedade do desperdício" é um clamor angustiado que cada dia torna-se mais imperativo. Como diz René Dumont, devemos escolher, antes que seja tarde, entre a "utopia e a morte". Não só é irracional como também criminoso continuar promovendo esta sociedade da dissipação, onde "as probabilidades de sobrevivência minguam todos os dias". Mais que aumentar os bens de consumo, deveríamos preocupar-nos com a diminuição das desigualdades no consumo desses bens.

"O desafio mundial"[26] torna-se cada dia mais evidente e exige novas formas de convivência social, chamem-se "projeto planetário",[27] "terceira onda"[28] ou "alternativas para o futuro",[29] para citar alguns exemplos bastante conhecidos.

Mas a imaginação não é suficiente para esta aproximação da autenticidade humana por meio do ato·criador. É necessário acrescentar o trabalho — trabalho socialmente produtivo — como elemento indispensável tanto para a auto-realização pessoal como para a transformação social. Na *Crítica do Programa de Gotha*, Marx assegurava que "a combinação do trabalho produtivo com o ensino, a partir de uma idade precoce, é um dos mais potentes meios de transformação da sociedade atual".[30]

---

25. "O processo de destruição e mutilação da natureza e do meio ambiente, iniciado há dois ou três séculos com a irrupção da tecnologia capitalista, alcançou sua expressão máxima nos últimos trinta anos, conduzindo à profanação sistemática da beleza cósmica e ao triunfo do feio, da esterilidade e do utilitarismo mais impudico. As cidades perderam seu caráter de lugar para converterem-se em simples centros de venda e distribuição, em armazéns e garagens, em mercados e lojas. Essa mercantilização do espaço vital, longe de afetar apenas a sensibilidade e o equilíbrio psicofísico do homem, penetra nos interstícios mais profundos da sua subjetividade, completando o processo de aniquilação espiritual do indivíduo capitalista... A destruição da morada humana significa por isso a destruição do próprio homem, a destruição de sua mente, de seu sistema nervoso, de sua sensibilidade e de sua dimensão coletiva..." (H. Saña, *El Hombre Nuevo*, Madri, Narcea Ediciones).

26. J. J. Servan-Schreiber, *El Desafio Mundial*. Barcelona, Plaza y Janés, 1981.

27. R. Garaudy, "Diálogo de las Civilizaciones". Madri, *Cuadernos para El Diálogo*, 1977.

28. A. Toffler, *Tercera Ola*. Barcelona, Plaza y Janés, 1980.

29. R. Theobald, *Alternativas para el Futuro*. Barcelona, Kairós, 1972.

30. T. Dietrich, *op. cit.*, p. 49.

3. *Um homem com capacidade e possibilidade de promover uma sociedade justa e democrática, na qual se tenha a oportunidade real e efetiva de satisfazer as necessidades básicas.* Com relação a esse problema fundamental, existem duas posturas antagônicas. Por um lado a sustentada pelas elites do poder, que promovem um tipo de homem totalmente sujeito aos seus postulados e prioridades econômicas. A segunda postura, que se contrapõe à primeira, é aquela sustentada pelas grandes massas de nossos povos, às quais sempre foi vedada a possibilidade de se realizarem como pessoas. Esse contraste entre dois tipos de homem dá-se sobretudo na prática, em função de que não importa tanto delinear as características idealizadas do perfil, mas, ancorados no processo histórico de nossos povos, partir de uma realidade injusta que passo a passo e dia após dia inspira e descobre os traços do homem autenticamente humano.

Claro que para alcançar o terceiro traço do perfil não basta a satisfação das necessidades básicas. Ela é necessária, porém não suficiente. Muitos milhões de animais, nos países desenvolvidos, têm suas necessidades básicas de alimentação e morada plenamente satisfeitas, com um consumo, inclusive, que ultrapassa as exigências de seu apetite e instinto. Ainda que essas sociedades supertecnificadas, esbanjadoras e excessivamente consumistas aplicassem os milhões e milhões de dólares que gastam anualmente em armamentos[31] para acabar com a fome e dar roupa e moradia a todos aqueles que vivem em extrema pobreza, não teríamos eliminado as injustiças de nossas sociedades desenvolvidas e subdesenvolvidas. Essas conquistas, por si só, não assegurariam o tipo de homem que nós desejamos. Relativamente a essa questão, Johan Galtung disse que "a alimentação é um ato de comunicação social, ao se dispor de algo comuni-

---

31. O dinheiro que o mundo gasta em armas, em 15 dias, bastaria para fornecer à população mundial alimentos, água limpa, cuidados médicos, educação e moradias suficientes pelo espaço de um ano. São precisos apenas 17.000 milhões de dólares, a mesma quantidade que o mundo investe em armas a cada 15 dias, para resolver todos esses problemas (*La Nación*, 28 de outubro de 1981). Os gastos militares superarão este ano os 500.000 milhões de dólares, ou seja, 10% a mais que no ano passado.

O gasto militar da América Latina foi de 5.700 milhões de dólares em 1977 e seu número de militares era de 1.400.000. Todos esses gastos estão minando a economia mundial, marcadamente débil (ironicamente fala-se de uma "nova ordem econômica internacional") e tornando ainda mais difícil responder às necessidades da população. Enquanto com sangue-frio os países poderosos e os não poderosos gastam quantias colossais para prepararem-se para a guerra, *morrem de fome diariamente no mundo 50 mil pessoas.*

tariamente como é o caso da moradia, do vestuário e da saúde; conforme nos empenhamos para solucioná-la, a sós ou com outras pessoas (familiares, amigos, vizinhos), altera-se o sentido deste aspecto básico da vida".[32] Trata-se de algo muito mais profundo e muito mais humano que resolver os problemas da fome e da habitação. Uma mecanização total do mundo poderia acabar com a pobreza, se a isso se propusessem os donos da economia e da política dos países poderosos. Mas o que importa é formar seres humanos autônomos, livres, responsáveis e autênticos; trata-se de educar seres humanos com possibilidades de significar e expressar o mundo em que vivem. Expressá-lo em e com a satisfação de suas necessidades básicas. Isso significa que o homem precisa adquirir maior conhecimento de si mesmo, de sua personalidade, de seus objetivos e desejos, pois sabemos que numa nova sociedade não poderá sobreviver como uma mera engrenagem da máquina sócio-econômica massiva (Theobald). Corroboremos essa idéia com o exemplo do trabalho, analisado anteriormente, como uma das características essenciais do traço anterior. "Pensemos no trabalho, entendido não como mero emprego, como um posto a ocupar, que garanta uma renda mínima para a satisfação das necessidades básicas, mas como uma possibilidade de expressão, como uma possibilidade de criação e dedicação à práxis. Hoje em dia esse privilégio está provavelmente reservado a uma pequena e seleta minoria de intelectuais, artistas e algumas outras pessoas: em uma sociedade menos propensa à produção e ao consumo uniformizados, poderia ser um desejo inato".[33] São precisamente esses direitos inatos, inerentes ao gozo das necessidades básicas, que devem ser promovidos na nova sociedade para se conseguir um homem pleno, consciente e realizado.

Afiançar o desenvolvimento de uma sociedade sobre os direitos inatos dos homens e sobre o gozo das garantias mínimas para o desenvolvimento desses direitos equivale a modificar as finalidades atuais da nossa sociedade. Como disse Garaudy, é "importante entrever quais serão os objetivos, os desejos, os valores das pessoas dentro de trinta anos".[34] O que parece totalmente óbvio é que os atuais objetivos da sociedade — fundamentada no crescimento sócioeconômico irracional, na produtividade alienante, em um mercado

---

32. J. Galtung, "Para que servem a alfabetização, a educação e a instituição escolar", exposição feita no Simpósio Internacional de Alfabetização realizado em Persépolis, 1975.

33. *Ibid.*, p. 22.

selvagem e em uma educação subjugada — conduzem ao crime mais voraz, à destruição e, em conseqüência, à impossibilidade da emergência do homem novo.

Em síntese, não se trata de satisfazer objetivos — neste caso, o gozo das necessidades básicas — para qualificar a sociedade como justa e democrática. Já dissemos que essas necessidades básicas poderiam ser satisfeitas a partir do maquinário do Estado ou até mesmo a partir da voracidade e exploração das multinacionais. Uma sociedade não será justa e democrática se nela for impossível a humanização e a socialização do homem e de todos os homens. Não se trata de conseguir indivíduos bem alimentados, bem vestidos e fiéis executores das tarefas sociais. Além da satisfação das necessidades básicas, propomos que todo homem viva criativamente um processo socialmente produtivo, em liberdade e com plena participação política. Assim como Robert Theobald, diremos que "ninguém pode desincumbir-me da responsabilidade de assumir minhas decisões últimas sobre a significação do que faço".[35] O mundo voltará a recuperar significado quando o homem e todos os homens — e não só um grupo de privilegiados — derem sentido ao que cada um faz. Nossa sociedade chegou a um beco sem saída porque o homem, como homem e como ser social, está impossibilitado de significar-se significando o mundo. Por isso é urgente uma mudança total. Temos de passar dos valores da era industrial montada sobre o ter — que com tanta precisão denunciou Erich Fromm — para os valores autenticamente humanos. Do contrário a catástrofe será inevitável, e nela não se salvarão os que têm, nem os que não têm. Nosso problema-chave é a identificação do valor do homem com o valor econômico do trabalho que realiza.[36] O homem desapareceu como pessoa diante da investida do poder econômico. O homem transcendente, dialogal e criativo, sucumbiu frente ao homem-máquina que está a serviço de uma sociedade enlouquecida.

Recuperar a dimensão humana significa, seguindo Garaudy, que ao nos transformarmos na transformação da sociedade superemos três níveis distintos, porém interdependentes: o da libertação política, até conseguirmos a plena participação no manejo da coisa pública; o da libertação histórica, até superarmos as alienações que se opõem ao ser; e o da libertação social, com a supressão das injustiças, da exploração e da violência institucionalizada.

---

34. R. Garaudy, *Diálogo de las Civilizaciones, op. cit.,* p. 42.

35. R. Theobald, *op. cit.,* p. 68.

36. *Ibid.,* p. 112.

III. UMA NOVA SOCIEDADE

> A educação deve preparar os homens para tipos de sociedade que ainda não existem.
>
> *Ensiro. Debate Público.*

A segunda dimensão fundamental do projeto alternativo é o tipo de sociedade na qual desejamos que se realize o homem cujos traços acabamos de delinear. Homem e sociedade, como aspectos dialeticamente inseparáveis de uma mesma realidade, dão forma às metas do projeto alternativo. O homem que se faz no ambiente que ele mesmo constrói e a sociedade que resulta da ação transformadora do homem.

Mas em um momento de grande aceleração histórica como este que estamos vivendo, em uma sociedade dependente econômica e politicamente e, além disso, com um sistema de ensino legitimador e reprodutor, torna-se quase impossível a tarefa de visualização das características de uma nova sociedade. Por outra parte, nossos critérios de análise e projeção estão totalmente condicionados, e até deformados, na medida em que vivemos em uma sociedade cujos "pilares de existência são a propriedade privada, o lucro e o poder".[37] Nessas circunstâncias, torna-se difícil despojar-se da tremenda carga ideológica que carregamos, que nos faz ver como naturais e boas, realidades sociais intrinsecamente más. Frente a essas dificuldades, uma possível aproximação das características da nova sociedade consistiria em visualizar e concretizar a antítese do que na atual sociedade é o mais injusto e o mais destrutivo. Em outras palavras, temos de procurar uma sociedade na qual estejam superadas as contradições da sociedade atual:

a) A uma sociedade opressora, na qual grandes setores da população vivem em um nível quase vegetativo, devemos opor uma sociedade livre na qual, mediante a participação consciente das massas populares, estas saibam e possam encontrar soluções para os problemas que as afetam.

Em uma sociedade opressora, nem opressores nem oprimidos podem ser livres. Os oprimidos porque carecem de consciência crítica

---

37. E. Fromm, *Tener o Ser?* México, Fondo de Cultura Económica, 1978, p. 77.

e os opressores porque, com ou sem consciência da opressão, vivem aferrados aos privilégios obtidos graças à ação opressiva, o que por sua vez garante a continuidade da opressão.

A passagem de uma sociedade fechada para uma aberta requer uma visão crítica e transformadora da sociedade. Nenhum processo de transformação social poderá ocorrer se não estiver fundamentado na própria realidade e nas contradições existentes. Claro que frente a esse processo de transformação social de fato ocorre uma incompatibilidade entre as duas classes sociais antagônicas.[38]

Porém não se poderá acabar com as relações de opressão e violência senão instaurando-se novas relações de produção: "Enquanto o trabalho permanecer subordinado à lei imposta pelo capital, sua luta será uma derrota. Só será vitoriosa no dia em que conseguir abolir as relações capitalistas de produção".[39]

Falar de uma nova sociedade enquanto existir uma elite econômica e politicamente dominadora, dona da armadura do sistema e acumuladora dos benefícios sociais, é um engano. As relações desejadas não são do tipo pessoal, de modo que possam ser alcançadas com base na boa vontade ou pela aplicação de normas morais mais ou menos estritas. Depende essencialmente da modificação radical da estrutura de produção. Somente novas relações econômicas poderão desenvolver novas relações sociais, familiares, religiosas e culturais. Esse caminho é o que permitirá ao homem dar à sua existência a dimensão que por enquanto não tem.

Assim, obrigados pelas atuais circunstâncias, até mesmo os grupos não progressistas falam da necessidade de lutar a favor de uma sociedade mais justa. Deve-se tomar muito cuidado para que essa luta pela justiça não se fundamente em justificativas e racionalizações "moralistas", com as quais as classes dominantes encobrem a estrutura de exploração.

---

38. "Aqueles que instauram o terror não são os débeis, não são os que a ele estão submetidos, mas os violentos que, com seu poder, criam a situação concreta na qual são gerados 'os diminuídos pela vida', os deserdados do mundo. Quem instaura a tirania não são os tiranizados, mas os tiranos. Quem instaura o ódio não são os odiados, mas os que odeiam primeiro" (P. Freire).

39. L. A. Restrepo, *La Educación Católica en el Banquillo. Reflexiones Teológicas sobre una Educación para la Justicia y la Paz.* Bogotá, Centro de Investigación y Educación Popular, 1978, p. 158.

b) Temos de passar de uma sociedade autocrática para uma sociedade participativa e democrática; de uma sociedade fechada para uma sociedade aberta. Sabemos que, na prática, a democracia concedida à maioria de nossos povos reduz-se a depositar o voto nas urnas a cada quatro anos. Mas essa insignificante participação política evidencia-se nos momentos de crise, quando o conformismo e o silêncio são notas características de um povo "manipulado" e domesticado por aqueles que se aproveitam da manipulação e da domesticação. As massas populares, inclusive em países que se dizem democráticos, como o nosso, estão submetidas econômica, política e culturalmente aos interesses de grupos nacionais e internacionais.

Enquanto o povo se mantiver calado — ou melhor, enquanto o mantiverem calado —, de modo algum poderemos falar de democracia participativa. O pensamento crítico e o diálogo, como exigências existenciais do homem, são características essenciais da sociedade aberta que desejamos.

A uma sociedade dependente temos de contrapor uma sociedade soberana, ideológica, política, econômica e culturalmente livre. A passagem de uma sociedade dependente para uma sociedade livre não pode ocorrer senão por meio de uma radical mudança das estruturas de poder. Essa mudança — que não obstante radical, não precisa ser necessariamente violenta — só poderá ser conseguida graças a um desenvolvimento crescente dos níveis de consciência, desenvolvimento que trará consigo novas formas de organização política. Mas sabemos que essas mudanças de consciência e essas novas formas políticas, organizativas e produtivas, são o resultado de um processo dialético que, ainda que já iniciado, supõe um longo caminho a percorrer, no qual os sistemas educativos — formais, não-formais e informais — têm um papel importante a desempenhar.

Se a estratégia da mudança está sujeita a uma progressiva transformação da consciência, temos de promover processos educacionais dialógicos e conscientizadores, paralelamente à organização popular e à politização dos organismos e instituições sobre os quais repousa o funcionamento democrático da sociedade.

Mas convém insistir que os maiores esforços devem dirigir-se à modificação das relações de produção. É o sistema econômico atual que leva em sua própria essência a desumanização do homem. Enquanto não se reestruturarem as leis da economia, de modo "que proporcionemos alívio e esperança para milhões de seres que hoje vivem em condições de vergonhosa e indigna miséria",[40] não encontraremos o único caminho possível para tornar mais humana a existência do homem sobre a Terra.

Uma condição imprescindível para atingirmos esse caminho consiste, como já dissemos, na solução dos problemas de sobrevivência. Enquanto milhões de seres humanos continuarem a morrer de fome, sem teto que os abrigue, sem vestuário e sem trabalho, não haverá a menor possibilidade de se construir uma nova sociedade. É impossível a instauração de uma nova ordem econômica internacional enquanto se mantiverem os focos de virulência e explosão social.[41]

Só após ter satisfeito suas necessidades básicas o homem estará em condições de auto-realizar-se como pessoa. Se os meios têm que estar a serviço dos fins, a produção e os meios de produção têm de estar a serviço do homem e de todos os homens, diferentemente de agora, quando servem apenas para explorá-lo.

O homem só poderá realizar-se quando encontrar naquilo que faz o sentido para sua existência e, sobrepondo-se aos meios que o escravizam, for capaz de recriar os fins permanentemente.

Uma sociedade livre, aberta e soberana, na qual o homem goze da participação política e possa realizar-se plenamente, constitui a utopia que está na base de toda experiência alternativa em educação.

---

40. João Paulo II, *Laboren Exercens*, p. 13.

41. "Cuidado com o desespero do Terceiro Mundo. Dele pode surgir o caos mundial!", exclamou Kurt Waldheim, secretário-geral das Nações Unidas, ao inaugurar a última sessão do Conselho Econômico e Social da ONU (*O Desafio Mundial*).

SEGUNDA PARTE

CARACTERÍSTICAS DA EDUCAÇÃO INERENTES AO PROJETO EDUCATIVO

3. EDUCAÇÃO PARTICIPATIVA

> Nada é real, apenas os processos.
>
> *E. Fromm*

As três características que analisaremos neste capítulo (a comunicação dialógica, a participação democrática e a autogestão) procuram dar ao projeto educacional os alcances e dimensões políticas que o determinam como um processo social, democrático e autogestionário. Pela formulação dessas características, e das que serão assinaladas nos demais capítulos, deixaremos claramente estabelecido um dos traços mais importantes da educação que propomos: não falaremos em educar para a democracia, para a liberdade e a justiça, mas em educar na democracia, na liberdade e na justiça. A vivência de cada uma dessas características é pré-requisito da atividade político-pedagógica. Não se trata de ensinar o que é autogestão, mas de viver autogestionariamente. Não interessa tanto exaltar as virtudes do trabalho como trabalhar e educar no trabalho.

Isto nos permite diferenciar claramente entre educação em função de objetivos e educação como um processo vivido pela pessoa; entre uma instituição escolar cujas atividades giram em torno do cumprimento de metas e outra, na qual as atividades valem pela intensidade com que são vividas.

Na educação que propomos, a planificação em função de objetivos do tipo Bloom ou Gagné, realizada pelo conselho de professores ou, pior ainda, pelos burocratas do ministério, tem de ceder lugar à planificação participatória de todos os componentes da comunidade educativa. Um sistema funcionalista, seguro e "eficiente", tem que ser substituído por outro flexível, alimentado permanentemente pela imaginação, pela criatividade e pelo compromisso dos participantes. De um sistema tendencialmente voltado para a formação dos funcionários de que precisa nossa sociedade burocrática, temos de passar a outro, preocupado com a formação da pessoa e o desenvolvimento social. De estruturas relacionais prefixadas de acordo com informações acumuladas com antecedência, deve-se chegar a novas inter-relações, reinventadas permanentemente, que assegurem um autêntico processo de comunicação. De uma escola manipulada pelos que estão persuadidos de que "o chicote e a cenoura" são recursos indispensáveis para o funcionamento do sistema social, passaremos a uma escola em que todos, educandos e educadores, tenham fé no homem e na possibilidade de estruturas sociais mais humanas.

J. P. Sartre escreveu que o homem, como "uma liberdade em situação", define-se com a realização de seu próprio projeto. E sua existência terá significado na medida em que conseguir realizar-se como pessoa. Esse fazer-se, esse transformar-se e significar-se como pessoa chama-se processo educacional, o qual — no caso aqui tratado — é comunicação dialógica, participação democrática e autogestão.

I. EDUCAR NA COMUNICAÇÃO DIALÓGICA

> O diálogo é uma exigência existencial.
>
> *P. Freire*

A educação — formal, não-formal e informal — é um processo de comunicação no mais amplo e genuíno sentido do termo. Examinemo-lo sob ângulos diferentes.

a) "A educação como fator de mudança social deve partir do reconhecimento do movimento dialético que liga casualmente a estrutura social e a consciência humana".[1] Em um primeiro momento, ocorre a aproximação da consciência com a realidade objeto de conhecimento. Em um segundo momento, produz-se "uma ação inter-subjetiva que parte da consciência real e possível, que pretende o seu esclarecimento como objetivo explícito dessa ação e que constitui a medula da ação educacional. Em um terceiro momento, ocorre uma "ação ou reação da consciência esclarecida sobre a estrutura social destinada a operar a sua mudança".[2]

---

1. ILPEC, "Investigación y Evaluación de Experiencias Innovadoras en Educación de Adultos en México, Centroamérica y el Cariber", informe final, Heredia, Costa Rica, 1981, p. 15.
2. *Ibid.*

O processo educacional parte da realidade, concretiza-se na intersubjetividade e objetiva-se na mudança ou transformação da consciência. A ação educacional é, portanto, uma comunicação dialógica com a realidade, com os outros e com a própria consciência. Se alguma dessas fases falhar, o processo constitutivo, integrador e fator de mudança social a que chamamos educação, não se produzirá.

Dos três momentos, a reflexão intersubjetiva constitui o ponto culminante, na medida em que consegue dinamizar a transformação da consciência em comunicação com os outros.

b) Sob outra ótica, os elementos do processo educacional são os mesmos que compõem o processo de comunicação. O "emissor-receptor" (educador) envia e recebe mensagens, da mesma forma que o "receptor-emissor" (educando) as recebe e as envia. No intercâmbio de seus papéis, emissores e receptores enriquecem e valorizam seu processo de auto-realização.

O educador educa-se na comunicação com o educando, e este na comunicação com o educador. Comunicar-se mais e melhor é educar-se e educar mais autenticamente.

A educação verdadeira é mudança, é transformação da pessoa pelo que se dá e pelo que se recebe. É interação, da mesma forma que a educação, na medida em que é uma transformação que muda o que se aprende. A aprendizagem, quer dizer, a mudança, é uma condicionante e uma prova tanto do bom comunicador como do bom educador. Aquele que comunica codificando a realidade aprende tanto quanto aquele que descodifica ao aprender essa mesma realidade. Educação e comunicação são um mesmo e único processo de co-participação, de co-produção, de co-entendimento e co-munhão.

Esses dois enfoques do processo de educação-comunicação evidenciam que para melhorar o processo educativo é primordial aumentar, aperfeiçoar e enriquecer a comunicação. A mudança não se dá como conseqüência da modificação de programas ou de conteúdos, nem sequer de objetivos. "O que varia de objetivo para objetivo, de pedagogia para pedagogia e de metodologia para metodologia são as características dos elementos e a relação entre eles".[3] É precisamente pelo enriquecimento das relações que poderemos assegurar uma

---

3. A. Ojeda, "Un Modelo para Generar Nuevas Interrelaciones Educativas en la Enseñanza Superior", em *Nuevas Experiencias Educativas en América Central*, p. 57.

comunicação mais nova e significativa e, conseqüentemente, um processo educacional mais eficiente.

Porém, tanto no ensino como na informação coletiva busca-se a eficiência e a fidelidade apenas variando ou enriquecendo os elementos. Promove-se, por exemplo, a atualização e a especialização dos docentes na certeza de que a uma maior capacidade corresponde uma maior eficiência. Da mesma maneira, aumenta-se tecnicamente a fidelidade na transmissão da mensagem, sem se perceber que o importante é desenvolver no receptor atitudes críticas com relação à mensagem recebida. Tanto em um caso quanto em outro, são realmente significativos a modificação e o enriquecimento das relações entre o emissor e o receptor. "Os planos e os programas de estudo são continuamente modificados, mas não se modificam as inter-relações professor-conteúdos programáticos ou aluno-conteúdos programáticos. Novos e diferentes canais são utilizados, mas não são modificadas as suas inter-relações com os demais elementos".[4]

Nas últimas décadas foram incrementados, inclusive nos países pobres, os meios tecnológicos no ensino e produziu-se uma impressionante multiplicação de meios impressos e eletrônicos para a informação massiva, sem que se tenha produzido por isso aumento significativo da comunicação. Pelo contrário, temos que aceitar a tese de Castilla del Pino de que a falta de comunicação é hoje o traço mais evidente dos modos de relação usuais em nossa sociedade. Por outro lado, a falta de comunicação na escola foi denunciada em todos os tons, nos mais diversos países, como uma das evidências essenciais de seu fracasso.[5]

A comunicação dialógica, como característica da educação inerente ao projeto educativo, significa tanto para os educadores quanto para as instituições nas quais trabalham um desafio com duplo sentido: por um lado, fazer da educação um processo de comunicação dialógica e, por outro, educar os receptores para que se convertam de consumidores passivos em receptores críticos dos meios de massa.

---

4. *Ibid.*

5. Goodman denuncia a "comunicação" na escola como simples transferência de informação de um cérebro para outro. Para Paulo Freire, obstacular a comunicação equivale a transformar os homens em objetos. Oliveira Lima diz que para os docentes estão reservados espectadores a quem não interessa o espetáculo.

Fazer da comunicação um processo de comunicação dialógica

Na escola atual, da mesma forma que na sociedade, predominam as relações verticais e autocráticas. As autoridades — pais, professores, sacerdotes, pastores, governantes — decidem o que se deve fazer e como se deve fazer e, freqüentemente, até o que se deve dizer e pensar. Nesse tipo de relacionamento vertical, o professor "sabe-tudo", em contraposição aos alunos que nada sabem e devem obedecer, simplifica o sistema até torná-lo mais "governável", por sua linearidade e "simplicidade". Mas salta aos olhos que, assim, ele é muito menos enriquecedor, menos aberto à criatividade e com menos possibilidade de crítica construtiva e retroalimentação. Pedagogicamente é menos respeitador da personalidade e menos favorável à auto-realização dos alunos.

A rede de relações verticais leva a uma rigidez da estrutura no sentido hierárquico. Está fundamentada e sustentada por normas de conduta, códigos de comportamento, regulamentos e sanções morais, na certeza de poder eliminar os obstáculos para seu "rendimento".

Falar da verticalidade é evidenciar a autoridade pedagógica — prolongação da família — como um dos alicerces da estrutura escolar. Não poderia ser de outra maneira, se se levar em conta que esta relação é a arma poderosa da inculcação ideológica, tal como assinalamos na primeira parte deste ensaio.

Para quebrar essa verticalidade temos de alimentar a comunicação pedagógica com as mais variadas formas de inter-relação entre educandos e educadores. É indispensável a livre circulação de mensagens, bem como a oferta de possibilidades reais para sua livre decodificação. O trabalho educacional, como processo de comunicação, é uma tarefa compartilhada que nasce da própria dinâmica de uma realidade cada vez mais exigente. A educação, como rede de comunicações horizontais, é um processo que tem de estar centrado no estudante — e não no professor — já que é o estudante o sujeito e o objeto do processo. Centrar a comunicação do projeto educacional no estudante é fazer desabar o verticalismo e gerar em seu lugar outras vias de comunicação diretas e dialógicas. Como temos assinalado, a verdadeira comunicação, a mais autêntica, é a que ocorre em um grupo onde comunicadores e receptores desempenham suas funções de forma intercambiável, dado que a comunicação não deve reduzir-se a uma transferência de informação, mas sim implicar em

77

inferência, quer dizer, em um processo estruturador. A personalização e a conscientização são os resultados necessários dessa estruturação.

Segundo Oliveira Lima é o grupo (meios grupais) o melhor caminho para se conseguir esta desmistificação e para que o indivíduo possa desenvolver a criatividade e cumprir o compromisso que traz implícito todo processo educativo-comunicativo. Processo bastante transcendente na medida em que sabemos que as relações pedagógicas não terminam em si mesmas, mas que são a matriz do que desejamos para as relações sociais.

O homem crítico, participativo e criativo, que buscamos para a sociedade do futuro, será fruto do diálogo e da comunicação como encontro de indivíduos mediatizados por uma realidade que deve ser pronunciada em um ato criador, motivados pela necessidade de sua própria existência.

Educação dos receptores

A comunicação dialógica precisa ocorrer não só nas relações educando-educador, mas também nas do educando-meios de informação coletiva. O trabalho da escola ficaria truncado se não conseguisse, no mínimo, despertar nos estudantes uma atitude crítica frente à diversificada comunicação que recebem através dos chamados meios de comunicação social: imprensa, rádio, televisão, cinema, quadrinhos, revistas etc.

Os efeitos decorrentes de muitas dessas informações não escapam a ninguém, não só em função de sua verticalidade, mas também em função de seus conteúdos. Alguns programas de televisão, por exemplo, criam no espectador a sensação de uma realidade falsa, que se contrapõe à realidade cotidiana. Um sistema que se alimenta com representações falsas traz consigo uma educação alienante e irreal. Muitos modelos referenciais da televisão, do cinema, dos quadrinhos, ainda que sensíveis e atraentes, são sem dúvida vazios, artificiais e, em conseqüência, antieducativos.

A decomposição da área dos valores é outra conseqüência dessa comunicação vertical e condicionada dos meios de massa. O adormecimento das consciências e a aceitação acrítica do "comunicado" opõem-se à comunicação educativa como processo estruturador da personalidade.

Há, portanto, "necessidade e urgência de se educar os receptores nas linguagens próprias de cada um dos meios; mediante uma educação semiótica se estará dando a cada homem os instrumentos necessários que o defenderão contra a massificação e a domesticação tão característica dos que consomem técnicas de comunicação de forma passiva. Dominando a semiótica e a criatividade, o homem reduzirá as probabilidades de ser um mero objeto à mercê de forças externas e aumentará como sujeito as probabilidades de dominá-las, permitindo-se ser um 'consumidor' inteligente, seletivo e crítico com relação aos meios de comunicação social".[6]

Para educar em e pela comunicação dialógica, o educando tem que encontrar nos meios não só a oportunidade de criticar seu conteúdo como a de expressar-se por meio de suas linguagens com toda a plenitude e a dinâmica de seu ser.

Isto implica a necessidade de fazer dos instrumentos de informação verdadeiros agentes de expressão e recriação da realidade, objetivo que equivale a conseguir do educando a participação, a compreensão e o diálogo. O estudante tem que aprender a interpretar e a pronunciar seu mundo na multiplicidade dos signos e linguagens tão profusamente usados na sociedade atual. Educar, sob esse aspecto, é proporcionar ao educando a capacidade para interpretar corretamente a realidade, de modo que como conseqüência dessa interpretação derive, consciente e livremente, uma conduta e um comportamento tais que tornem possível sua realização como homem. Este "fazer o bem com liberdade" implica que o sujeito — verdadeiro agente do processo educativo — seja aquele que, frente à realidade cujo significado tem de captar pelas manifestações sígnicas, opte por determinados valores e comprometa-se com eles.

Mas não apenas captar a realidade decodificando-a como também "pronunciar sua palavra" codificando a realidade — de acordo com determinados valores — mediante um ato criador que assegure seu crescimento como pessoa e como membro de um grupo social. Isso faz com que a semiótica, como ciência que nos oferece os instrumentos para interpretar e para expressar a realidade, seja essencial para o processo educacional-comunicativo.[7]

---

6. DEC-CELAM, *Comunicación Social y Educación*. Bogotá, 1972, p. 33.
7. "A missão da semiótica é descobrir as redes que vinculam e articulam todos os seres humanos do cosmo em suas dimensões individuais e sociais" (Rossi-Landi), com o propósito de fazê-las mais humanas e participativas.

Para alcançar esse objetivo, como tarefa prévia devemos liberar o caminho, fazendo com que os estudantes se expressem, pelo menos, através dos códigos tradicionais e através daqueles que Aldous Huxley chamou de "as humanidades não expressas por palavras", quer dizer, a arte de sentir melhor, de perceber, de dar e amar. Essas formas de expressão e comunicação — talvez as mais autênticas — exigem um ambiente que permita a circulação da força, da vida, do espírito de uma pessoa a outra, de um nível a outro, de uma realidade a outra.

O estudante que se constrói a si mesmo pela auto-expressão criadora — que sempre é comunicação autêntica — incrementa e promove a comunicação e a riqueza do grupo, aumentando com isso seu próprio poder e vontade de auto-afirmação.

A comunicação, como expressão criadora, é o que dá significado e profundidade ao processo educacional ao assegurar e aumentar no estudante sua participação e criatividade. A educação como encontro e comunhão entre seres humanos é um processo de comunicação.

II. EDUCAR NA PARTICIPAÇÃO DEMOCRÁTICA

> Nossa democracia não tem escolas democráticas.
>
> *G. Nonning*

A educação na democracia pode ser vista sob ângulos que, não obstante intimamente relacionados, convém analisar separadamente. Por outro lado, a instituição escolar tem que estar democraticamente aberta a todas as classes e grupos sociais e, por outro, é primordial que dentro da instituição viva-se democraticamente.

a) A democratização do aparato escolar, apesar dos resultados quantitativos alcançados, está longe de ser uma realidade. Segundo a tese de Baudelot e Establet, a escola fracassou em sua missão oficial de democratização e igualdade. Não só não contribuiu para diminuir as oposições entre a classe dominante e a classe dominada, como está a serviço dessa oposição e tende a reforçá-la.[8]

O crescimento das taxas de escolarização poderia ser tomado como demonstração de que o sistema escolar está democraticamente

---

8. Ch. Baudelot e R. Establet, *La Escuela Capitalista, op. cit., passim.*

aberto a todos, sem discriminação de nenhum tipo. É certo que há mais de cem anos vem ocorrendo em nosso país uma crescente e ininterrupta extensão do sistema escolar, de modo que atualmente não há vilarejo que não tenha uma escola, nem região da república que não possua um centro educacional de segundo grau ou um colégio técnico. Mas a capacidade democrática do nosso sistema educacional não deve ser julgada apenas pelo número de escolas, colégios e centros de educação superior. Sabemos que a seletividade não depende tanto da escola como do sistema econômico ao qual serve. Por isso é que em alguns países não só não se conseguiu a escolarização da população em idade escolar, como mesmo investindo-se todo o orçamento do país não se conseguiria. Em outros, como a Costa Rica, parece que se chegou ao ápice das possibilidades de democratização do sistema escolar, sob pena de prejudicar outras necessidades sociais de grande urgência.

Por outra parte, mesmo que se alcançasse a escolarização total, isso não equivaleria à democratização social, da mesma maneira que a cultura popular não se equipara ao número de estudantes matriculados. Com efeito, o fato de 95% das crianças em idade escolar estarem matriculadas não equivale à democratização educativa, na medida em que o sistema não é capaz de resolver as necessidades básicas da população, e as diferenças sociais, longe de diminuir, aumentam. A pirâmide escolar, ainda que com uma base muito maior, é uma clara demonstração da falta de efetividade e produtividade do sistema. Eis as evidências: a estatística que nos fala em 10% de analfabetismo na Costa Rica não é senão um aspecto a mais do mito escola, se levarmos em conta que 53% dos habitantes do país são analfabetos funcionais. Diante de 513 mil costarriquenhos que precisaram "abandonar" a escola, poderíamos continuar mantendo a tese da democratização do sistema? A democratização precisa ser analisada não só com as estatísticas de ingresso mas, sobretudo, com as de saída. Se a metade dos adultos são analfabetos funcionais, não podemos vangloriar-nos da educação nacional ser uma realidade em todo o território.

Se atualmente — em meio à voracidade da crise econômica que nos assola — 62% da população tem um salário mensal de 2 mil cólons * ou menos, isto significa que essa porcentagem é superior

---

* 1 dólar = 57,275 cólons (30-9-86). (N. T.)

"ao perfil da população economicamente ativa de há dez anos, quando se constatou que 67,4% desta não tinha nenhum nível de ensino formal. Os 32,6% restantes distribuíam-se da seguinte forma: 24,8% tinham 1.º grau completo, 5,8% tinham 2.º grau completo e somente 2,0% possuíam nível universitário".[9]

Certamente a taxa de desenvolvimento do país não cresce em proporção à matrícula. Em um país tremendamente burocratizado como o nosso, talvez seja de interesse julgar a eficiência do sistema escolar não tanto pelo comportamento de uma coorte, por mais demonstrativo que pareça, como pelos índices de desenvolvimento social, pela vitalidade política das organizações e pela riqueza e originalidade da cultura popular.

Estamos de acordo com o fato de a expansão do sistema educacional e sua conseqüente democratização, ter de responder às necessidades reais do desenvolvimento social, tecnicamente comprovadas. Não se trata, por exemplo, de abrir as portas das universidades para toda a população que se dirija a elas, mas sim de planificar tanto o número e o tipo de profissão, como a quantidade de ingressos, de acordo com as urgências e necessidades sociais. "Universidade para todos" é um lema vazio e mistificador, que se reverte em detrimento daqueles que o utilizam.

Não será irracional e ilógico investir tantos esforços e recursos sabendo-se que somente um número reduzido poderá alcançar a meta? Por que temos de pagar um preço tão alto para, ao final, frustrarmos tantos milhares de pessoas?

A obrigação de estender o sistema educativo a toda a população não se choca com a planificação exigida pelo desenvolvimento social do país. Antes pelo contrário, o projeto alternativo só tem razão de ser na medida em que se insere no projeto histórico que o país tem de promover.

b) A vivência democrática dentro da instituição é outra das metas do projeto pedagógico alternativo. A experiência diária indica que na maioria dos centros educativos funcionam metodologias e procedimentos antidemocráticos. Ensina-se "civismo" e "democracia" em uma escola onde os estudantes não vivem democraticamente; demons-

---

9. *Planeamiento del Desarrollo Educativo. Diagnóstico.* San José, Costa Rica, Ministério de Educación, 1971, p. 25.

tra-se na prática como desde os bancos escolares o próprio conceito de democracia pode ser falseado.

Antes de ser professor, o educador tem que ser democrata dentro e fora da instituição escolar. As relações pedagógicas serão educativas enquanto forem democráticas. A atividade diária na escola ensina ao estudante, diz Albert Hunt, que a organização escolar é a melhor lição para se aprender o que não é democracia. Para o estudante é muito mais fácil e "vantajoso" deixar-se governar. Acaba aprendendo que a melhor maneira de passar pela escola é cooperando com o sistema. E assim fará quando sair dela, pois para isso foi treinado.

Insistente e sistematicamente a escola mata no estudante dois esteios fundamentais da vida democrática: a capacidade crítica e a participação. O fundador de *Summerhill* diz que uma escola na qual a criança possa falar sem medo vale por mil palestras sobre a cidadania. A vivência democrática não pode germinar em meio ao medo e às represálias. "Enquanto você, professor", diz Neill, "não for mais que o capataz de um grupo e estiver comandado por superiores, não poderá dar o melhor de sua personalidade. O objetivo de toda escola deveria ser eliminar o medo".[10] Para um estudante educado sob o domínio do medo, os melhores discursos, conferências e conselhos sobre virtudes cívicas e governo democrático não passarão de palavras bonitas, mas sem transcendência para sua vida.

Um estudante prisioneiro do medo e do temor é tremendamente vulnerável e impotente. O processo educacional, para ele, torna-se angustiante e aborrecido. Dificulta-lhe muito — com freqüência até mesmo o impossibilita — a expressão pessoal. O estudante evita compartilhar seus sentimentos, desejos e projetos. Esta prisão interior, alimentada e mantida pela repressão externa, gera descontentamento, intranqüilidade, fadiga, ansiedade e relações asfixiantes. É evidente que o temor ao professor, o amedrontamento na ação e na expressão, desembocam em uma atitude deseducativa, conformista e derrotista. Oliveira Lima assinalou que o conformismo é filho da ditadura escolar e do *magister dixit.*

Fazer com que ao longo de todo o processo educativo o aluno atue como pessoa livre e responsável, é educar na democracia. Se o

---

10. A. S. Neill, *Summerhill.* México, Fondo de Cultura Económica, 1963.

estudante goza do direito de plena participação, podemos esperar que se desenvolvam nele atitudes que o estimularão a enfrentar crítica e positivamente não tanto as autoridades hierárquicas, mas os problemas próprios da vida do grupo.

Se a vivência democrática é uma forma de amadurecimento social, é evidente a importância de se viver democraticamente o processo educacional. Não se trata de dar a sensação de que se está vivendo democraticamente, mas de atuar de fato democraticamente, dando aos estudantes uma real participação na tomada de decisões, ou seja, no poder institucional. Isto não significa concessões gratuitas ou arbitrárias para os estudantes. Ao contrário, se está atuando dentro dos limites justos e das dimensões reais do que deve ser educar na democracia e para a democracia.

Para preparar uma sociedade democrática — dentro das limitações da pedagogia — temos de fazer de cada centro educacional uma comunidade democrática que se autodetermine na liberdade e na responsabilidade. Em cada uma dessas comunidades todo estudante deve ter o direito de educar-se sem pressões, opressões ou repressões. Fazer com que essas pequenas comunidades funcionem significa uma mudança radical da estrutura da instituição escolar.

As relações que forem geradas nesses grupos comunitários obedecerão a interesses comuns, a projetos e atividades planificados e executados autogestionariamente. O desenvolvimento desses projetos dará lugar à máxima participação de todos os integrantes dessas comunidades. Uma organização desse tipo, muito mais em função das pessoas e de seus interesses do que em função dos conteúdos programáticos, originará novas redes de intercomunicação, novos modos de colaboração e formas originais de expressão pessoal e grupal. Esses resultados serão a prova de que se conseguiu passar da verticalidade hierárquica à comunicação horizontal, própria dos grupos democráticos.

Na sala de aula teremos de promover as relações e o tipo de poder que desejamos para a sociedade do futuro. A democracia não pode nem deve ser uma enteléquia para camuflar a ideologia, mas uma prática diária na família, na escola e em todas as instituições que conformam a estrutura da sociedade. Buscamos, conseqüentemente, uma escola comprometida com a recriação de uma democracia participativa e na vivência de um pluralismo de idéias. Alguns educadores — como H. Read — asseguram que essa democracia e pluralismo dão a única garantia para uma revolução democrática.

Não somos ingênuos a ponto de pensar que a democracia na escola seja suficiente para assegurar a democracia da sociedade do futuro. Não pode haver sociedade democrática sem a solução paralela de muitos problemas sociais que hoje tornam impossível a democracia participativa. Sem dúvida, trata-se de "buscar, apesar de tudo, o tipo de força própria que o escolar pode exercer, e em que condições e sob que formas históricas, para contribuir sem ilusão e sem recuos com a transformação do social".[11]

Essa concepção realista, ainda que projetada no trabalho da escola, envolve a luta contra uma série de "vícios" muito freqüentes em nossa escola democrática. Em primeiro lugar não deve ocorrer contradição entre a liberdade de ação do estudante e o papel de guia e coordenador que deve desempenhar o educador.[12] Nem todas as "formas democráticas" são pedagogicamente válidas e ideologicamente aceitáveis. Muitas experiências pedagógicas fracassaram nas últimas décadas porque não souberam conjugar de maneira conveniente a autoridade do professor e a liberdade de ação do estudante. Compartilhar o poder com os estudantes de modo algum significa renúncia por parte do professor à responsabilidade que lhe compete no processo educativo. E difícil é saber, para cada grupo e em cada circunstância, o que fazer e como fazer para manter um ambiente flexível, original, criativo e motivador, para que dentro de um clima de liberdade os estudantes possam concretizar suas potencialidades e as do grupo.

Existe, em segundo lugar, uma série de "práticas democráticas" normatizadas inclusive no plano ministerial que, longe de atingir os objetivos que as motivaram, antes produzem efeitos contrários. Ao invés de fomentar as virtudes cívicas, desenvolvem deformações contraproducentes para a vida democrática do país. A zombaria e a inanidade com que são levadas a termo as "eleições estudantis" em muitas instituições escolares, longe de serem "ensaios democráticos" nada mais são senão burla do que uma democracia representativa

---

11. G. Snyders, *Adónde se Encaminan las Pedagogías sim Normas, op. cit.*, p. 9.

12. Este aspecto foi estudado por George Synders no livro citado anteriormente.

tem de mais essencial. O governo estudantil — incluindo o das universidades — responde mais a uma representatividade enganosa — alimentada por atividades intranscendentes — do que à participação intrínseca na vida democrática de uma instituição educacional.

Outro vício, não menos freqüente e igualmente enganoso, consiste em confundir-se processo democrático com dinâmica de grupo, metodologias não diretivas e práticas pedagógicas libertárias. Essa afirmação de maneira nenhuma pretende questionar a validade e a seriedade de experiências educacionais tipo Lewin, Neill, Rogers e tantos outros inovadores das relações professor-aluno. O que nos parece enganador é a aplicação dessas técnicas sob pretexto de modernização e de atualização das metodologias tradicionais de ensino. Esse engano passa a fazer o jogo do sistema e a despojar as práticas de seu valor social e do compromisso histórico que deveriam ter. A democratização da educação e a educação na democracia é, antes de tudo, conscientização e participação responsável.

III. EDUCAR NA AUTOGESTÃO

> A autogestão deve ser considerada como um conjunto de métodos que tende a estimular a iniciativa criadora das massas.
>
> *R. Garaudy*

A educação na participação democrática deveria conduzir normalmente à educação autogestionária, o que constitui uma alternativa radical e, até certo ponto, totalizante, na medida em que supõe democracia, liberdade, participação, comunicação, criatividade e compromisso político. Supõe também — e aqui reside sua principal dificuldade — uma sociedade na qual possam ocorrer processos autogestionários. Porque, como afirma severamente Carlos Díaz, "a autogestão é incompatível com qualquer forma de estado de classe". Inclusive porque a autogestão compreendida corretamente vai muito além do "sistema socialista, na medida que implica uma mudança social e política muito mais profunda. No socialismo clássico e não-renovado, no socialismo verticalista, autoritário, centralista, tampouco cabe a autogestão".[13]

---

13. C. Díaz, "Educação como Prática de Autogestión". *Documentación Social*, n.º 23, 1976.

É interessante comprovar que o auge da autogestão pedagógica é conseqüência dos movimentos e revoltas estudantis de 1968. As razões parecem óbvias. Os estudantes, sobretudo os universitários, questionam implacavelmente as estruturas pedagógicas do sistema escolar. Denunciam as relações de dependência da escola com respeito ao sistema econômico, sócio-político e ideológico. Põem a descoberto a maneira pela qual o aparelho escolar converteu-se em um sistema coercitivo e repressivo. Baseados nessa comprovação, questionam os próprios fundamentos — políticos e econômicos — do sistema escolar.

A partir desse questionamento nascem diferentes experiências pedagógicas que, sob variadas formas, procuram superar o antagonismo entre dirigentes e dirigidos, entre educadores e educandos. Surgem movimentos político-pedagógicos que buscam "como desmascarar o complô das instituições que consiste em impor, pela coação material (econômica ou física) e ideológica, uma visão falsa das relações de produção".[14] Para consegui-lo, investigam-se e ensaiam-se estruturas pedagógicas nas quais o grupo ocupe o lugar que lhe corresponde.

De sua parte os estudantes cobram, com razão, os direitos que lhes pertencem na estrutura institucional: o direito de desenvolver sua própria dinâmica e de exigir os meios para levá-las a cabo; o direito de colaborar na busca dos objetivos do processo, até agora impostos autarquicamente pelo poder; em síntese, exigem a cota de poder que lhes cabe. Dessas exigências surgem processos autogestionários que convertem os estudantes em verdadeiros autores e co-gestores do processo educativo. Estas relações pedagógicas originam novas estruturas e novos modelos organizacionais. Supera-se a teoria rogeriana do não-diretivismo. Passa-se de um psicologismo pedagógico a um compromisso político-educativo. À teoria clássica de administração educativa impõe-se a "pedagogia institucional".[15] Porém, muito rapidamente o otimismo inicial tropeça nas contradições sociais que se fazem mais evidentes à luz das práticas autogestionárias. Nem sempre o movimento autogestionário consegue remover as dificuldades com êxito.

---

14. G. Lapassade, *Autogestión Pedagógica, op. cit.,* p. 42.

15. Para o estudo deste tema podem ser consultados Lapassade, Ardoino, De Peretti, Oury, Lourau etc. Em castelhano: *Pedagogía Institucional,* de M. Mannoni (Siglo XXI); *El Análisis Institucional,* de R. Lourau (Amorrortu); *Análisis Institucional y Pedagogía,* de G. Michaud (Laia).

A falha maior provém da falta de equipes de professores conscientizados e dispostos a um compromisso militante com a nova concepção educacional. Nesse, como em todo processo educacional, a ação e a participação dos educadores são decisivas. De modo algum não-diretividade é sinônimo de pedagogia autogestionária. Talvez isto possa ser válido em psicanálise, mas não em educação. A autogestão supõe da parte do educador muito interesse e um "deixar-se levar" pela dinâmica do grupo e pelo imponderável que todo processo autogestionário traz consigo. A indiferença e a falta de compromisso são mortais e secam em sua própria fonte a aventura humana do risco envolvido em um processo autogestionário.

O isolamento da experiência autogestionária é outra das causas do fracasso. Não pode existir um centro autogestionário se não estiver integrado na comunidade ou no grupo social que, de alguma maneira, também esteja vivendo seu próprio processo autogestionário. Se um centro educacional fechado à comunidade já é um contrasenso, um centro autogestionário o é muito mais. Como processo globalizante, a autogestão não pode ocorrer das portas para dentro. São os próprios grupos sociais — comunidades de base, sociedades de amigos de bairro etc. — os que devem se encarregar e se responsabilizar pela educação dos membros da comunidade. Sob esse aspecto poderíamos definir a educação "como a ascensão coletiva da aprendizagem de todos e de cada um dos companheiros em todo espaço e tempo, fazendo-se de toda a vida do grupo ocasião de descoberta, reflexão e recreação para todos; onde viver e aprender, trabalhar e divertir-se sejam coisas que se confundam".[16]

Esse é o motivo pelo qual os centros educacionais autogestionários têm que se deixar impregnar de outras formas de aprendizagem que se dão na fábrica, no mercado, na granja, nas oficinas, nos sindicatos, cooperativas, partidos políticos, igrejas etc. "A escola estará assim ligada às necessidades locais, tornando-se tanto um espaço aberto onde a comunidade questiona-se a si mesma com o cadinho das novas formas que nela se vão imaginando".[17] Nascem, valorizam-se e recriam-se novas formas culturais como garantia da mais genuína participação democrática e cultural do povo.

---

16. *Por uma Aprendizagem Libertária. Escritos y Documentos del Sindicato de la Enseñanza de la CNT.* Madri, Campo Abierto Ediciones, 1977, p. 22.

17. *Ibid.*, p. 37.

Educar na autogestão exige como condição básica uma mudança de atitude tanto dos professores como dos estudantes e pais de família. Essa mudança tende a gerar formas organizativas inéditas, em função do maior grau de autonomia que o processo autogestionário supõe. Essa autonomia, por sua vez, traduz-se em um princípio básico: que os integrantes da comunidade autogestionária vivam plenamente um processo eleito e criado por eles, fazendo com que o trabalho e as responsabilidades sejam gerados e assumidos pela própria dinâmica do processo. As conseqüências que essa nova organização acarreta precisam ser levadas em conta na hora da implantação de uma experiência autogestionária. Assinalemos algumas: exige da parte do docente uma dedicação exclusiva, já que para dinamizar o processo é imprescindível a sua presença na comunidade 24 horas por dia. Uma "participação" por horas, uma docência por empreitada, é a antítese do compromisso exigido em um processo autogestionário. O educador, com muito mais razão que o estudante, deve viver na comunidade e ser um de seus membros mais ativos e responsáveis. Somente com uma equipe de professores plenamente identificados é que se poderá alcançar a mudança sócio-política inerente ao processo educativo. A mudança de atitude implica não só dedicação exclusiva, mas também entrega generosa às exigências que essa dedicação envolve.

As relações que derivam da pedagogia autogestionária têm implicações que vão além da própria instituição. A autogestão implica uma certa autonomia econômica do centro, como garantia da gestão pedagógica e administrativa. Sem gestão pedagógica não pode haver gestão educacional. Sem meios apropriados dificilmente atingir-se-ão os fins. Muitos centros educacionais — sobretudo os agropecuários e industriais — deveriam estar capacitados para resolver autogestionariamente os muitos problemas econômicos que os impedem de ser verdadeiras empresas produtivas.

A autonomia financeira corre paralelamente à administrativa. Os centros, ao autogestionarem-se administrativamente, possibilitam a supressão da burocracia, das estratificações e categorias profissionais que são diametralmente opostas ao processo autogestionário. Torna-se muito difícil compartilhar o poder guardando privilégios tanto hierárquicos como econômicos. Essa luta contra a especialização é uma das formas de desmistificação do aparelho escolar.

No começo deste tópico referimo-nos às grandes possibilidades que a autogestão pedagógica oferece ao estudante para encarregá-lo de seu próprio desenvolvimento. Isto é correto, principalmente na medida em que o estudante, ao conscientizar-se, compromete-se com as formas produtivas que ele mesmo gerou para solucionar suas necessidades de desenvolvimento pessoal. Mas o processo autogestionário não vem apenas de encontro à "satisfação dessas necessidades, leva sobretudo a uma modificação no mundo das necessidades e dos interesses, e a uma reestruturação da afetividade fundamental. A personalidade modifica-se, evolui e converte-se em 'outra'. Produz-se um fenômeno essencial que vulgarmente se chama educação".[18]

Uma instituição aberta, dinâmica, desestruturada, flexível e capaz de autogestar o próprio processo é uma instituição educativa, independentemente da índole das atividades a que se dediquem seus membros. Ao ser uma vivência existencial, a autogestão faz despertar traços insuspeitos da personalidade, impulsos e motivações que permitem reorientar o processo, e sentimentos que tornam possível opções e compromissos autênticos.

A autogestão supõe, além disso, o rompimento com o tipo de relações da educação tradicional, para criar uma rede de comunicações própria que permita a cada participante a satisfação de descobrir-se a si mesmo em autêntica comunicação com o outro e de sentir vivamente o encontro com o apoio do outro. Essas novas formas organizacionais por sua vez ajudam a "mudar atitudes e sentimentos, a inventar idéias em comum, a fabricar meios e a forjar estruturas",[19] em consonância com a dinâmica do próprio processo.

Finalmente, educar na autogestão é concretizar os fins sociais da educação.[20] O indivíduo que se formou autogestionariamente está capacitado a "influir sobre outros indivíduos e sobre os conjuntos formados por esses outros indivíduos e suas interações".[21] Em outras palavras, a autogestão educacional tem sentido enquanto prepara a autogestão social que, como diz Lobrot, constitui seu propósito último. Em síntese, na autogestão o processo educacional adquire sua

---

18. M. Lobrot, *Pedagogía Institucional.* Buenos Aires, Humánitas, 1974, p. 285.

19. G. Rodríguez Echeverría, "La Autogestión Pedagógica", em *Nuevas Experiencias Pedagógicas en América Central.*

20. "A autogestão educacional sem autogestão social é puro *flatus vocis,* desejo de envolver-se em uma armadilha semântica grandiloqüente, mas do pior estilo retórico."

21. G. Rodríguez Echeverría, *op. cit.*

verdadeira dimensão política. As autogestões política, social e pedagógica são indissociáveis. Uma plena participação sócio-política em nível educacional ajudará o estudante a desenvolver seu projeto humano e sua contribuição ao projeto sócio-político global.[22]

---

22. "Reduzir a autogestão à sua dimensão psíquica (a da análise de grupo) e à sua dimensão educativa (a da autoformação) não significa por acaso eliminar o interesse sócio-político de seu tema, da gênese de sua prática histórica?" (G. Lapassade).

4. A EDUCAÇÃO SOCIALMENTE PRODUTIVA

> O destino do homem é a criação. E o trabalho é criação, vale dizer, libertação do homem. O homem realiza-se no trabalho.
>
> *J. C. Mariátegui*

Existe consenso de que o sistema de ensino atual é verbalista e extremamente livresco. Se queremos educar para o desenvolvimento, é necessário combinar estudo e trabalho, teoria e prática, escola e vida, ensino e produção.

Já a partir da educação pré-escolar devem ser criadas as condições para que a criança aprenda a unir o trabalho intelectual e o manual, para que aprenda na prática que sua realização como ser humano será resultante de sua criatividade, do trabalho produtivo e da práxis. Além disso, é importante que aprenda que a "pedagogia do trabalho" não satisfaz apenas os objetivos de tipo econômico mas que, fundamentalmente, significa a formação integral do trabalhador, "a realização de sua humanidade e o aperfeiçoamento de sua vocação de pessoa".[1]

A integração educação-trabalho tem que fazer da educação um processo transformador tanto do próprio estudante-trabalhador como da estrutura social na qual se desenvolve. Essa integração traz consigo a transformação da própria escola. A desmistificação do aparato escolar, levada às suas últimas conseqüências, significaria a transformação radical do sistema escolar, na medida em que reduziria, até anulá-la, a separação entre educação formal e não-formal. Converteríamos as escolas em empresas, e as empresas converter-se-iam em escolas.

Através de um processo educacional fundamentado sobre estes três pilares — trabalho produtivo, criatividade e práxis — serão

---

1. João Paulo II, *Laboren Exercens*, p. 29.

alcançados os objetivos básicos do projeto alternativo: um homem novo em uma sociedade nova. Através da inteligência crítica, da capacidade criadora e do trabalho transformador, o homem novo recriará positiva e permanentemente as estruturas da nova sociedade.

Porém, enquanto as novas estruturas não forem uma realidade, é evidente que devemos ter muito claro o alcance e o significado da educação produtiva. Intencionalmente usamos neste ensaio a expressão "educação socialmente produtiva" na medida em que ela supõe uma intencionalidade e um modelo social de desenvolvimento. "O desenvolvimento não é apenas um fenômeno econômico, mas um aspecto da contínua criação do homem em todas as suas dimensões, desde o crescimento econômico até a concepção do sentido, dos valores e das finalidades da vida".[2] Supondo esse modelo e as características do novo homem e da nova sociedade, então poderemos afirmar que através do trabalho produtivo e da práxis a que esse trabalho dá lugar, os homens criativamente darão forma à sua própria história.

I. EDUCAR NO TRABALHO

> Cada um se faz homem, entre outras coisas, através do trabalho, e esse fazer-se homem expressa precisamente a finalidade principal de todo o processo educacional.
>
> *João Paulo II*

Roberto Brenes Mesén, em janeiro de 1918, concebia a escola, em um país como a Costa Rica, como um centro de criação de riqueza agrícola e industrial, ao mesmo tempo que como um meio de educação positiva de virtudes ativas do homem de trabalho. Os programas de educação primária que apresentou aos professores de sua época pretendiam atingir um duplo objetivo: em primeiro lugar, lutar contra uma escola abstrata, intelectualóide e sem vínculos com a prática e as necessidades do país. Em segundo lugar, despertar e promover a consciência dos valores inerentes à escola do trabalho. Valores de "probidade, sobriedade, constância e veracidade" próprios

---

2. R. Garaudy, "A Alfabetização e o Diálogo das Civilizações", exposição feita no Simpósio Internacional de Alfabetização realizado em Persépolis, 1975.

dos homens de ação e de caráter elevado, em contraposição aos homens de espírito empobrecido e sem iniciativa, que a escola tradicional lança para a vida.

O futuro cidadão tem de formar-se "não tanto com as noções de instrução cívica quanto com o trabalho". Somente uma escola assim fundamentada "está em condições de gerar riqueza, de difundir conhecimentos e de desenvolver habilidades industriais e agrícolas que, despertando a consciência das próprias forças, façam crescer a capacidade produtiva do país, revelando-lhe a certeza da possibilidade de sua autonomia econômica, base de toda autonomia política".[3]

É difícil encontrar na literatura pedagógica latino-americana do primeiro quartel do século um testemunho tão claro de uma legislação escolar que valorize tanto o trabalho como os programas de educação primária elaborados por Brenes Mesén antes de terminar a década de 20. Se ele não houvesse enfrentado uma violenta reação dos meios conservadores de sua época, a escola costarriquenha ofereceria hoje resultados muito diferentes em vários aspectos da formação da cidadania, da atitude científica, da preparação para a vida, da produtividade e eficiência. Segundo afirmação de Omar Dengo, esses programas teriam dotado o país de uma escola que seria o agente mais eficaz do desenvolvimento social.

A crítica a que vem sendo submetida a escola nos últimos anos ressalta a extraordinária visão de uma escola baseada no trabalho, tal como a concebeu Roberto Brenes Mesén. Uma escola na qual o trabalho, a produção e as virtudes ativas presidam o processo de aprendizagem está diretamente relacionada com o que algumas correntes de educação socialista têm promovido reiteradamente. Hoje, a rejeição à escola separada da vida, do trabalho, da produção e da realidade social, já é um tópico aceito pela maioria dos pedagogos. Alguns, inclusive, sublinharam que esse tipo de escola imuniza os estudantes contra o trabalho criativo, injeta desprezo pelo trabalho manual e "forma" burocratas improdutivos.

A dicotomia existente entre o trabalho intelectual e o trabalho manual, entre o *homo sapiens* e o *homo faber*, parece ser um dos mais legítimos e perigosos resultados de um sistema escolar que

---

3. R. Brenes Mesén, *Introdução a los Programas de Educación Primária*. San José, Costa Rica, Imprente Lehman, 1918.

durante muitíssimos anos desconheceu o valor humanizante e formador do trabalho produtivo. A escola tradicional e a universidade napoleônica trazem intrínsecas em suas próprias metodologias o desprezo pelo trabalho manual. Dentro de seu espírito e de seu currículo oculto, o trabalho é visto como uma servidão da qual o homem deve tentar libertar-se por todos os meios.

A escola servil a uma sociedade mecanicista e funcionalista contribuiu e contribui para degradar e rebaixar o trabalho, para que ele seja considerado como algo tedioso e, conseqüentemente, executado de maneira rotineira e sem a menor inspiração criadora. Pierre Hamp ressalta esta circunstância: "Se o desdém pelo trabalho existisse em cada um como existe entre os ociosos, e se os trabalhadores não permanecessem em seu ofício a não ser por coação, sem encontrar em sua obra nenhuma complacência de espírito, a ociosidade e a corrupção aniquilariam o povo desesperado".[4] Até que ponto nossa escola está contribuindo para desvalorizar e menosprezar o trabalho, inclusive o trabalho intelectual? Essa é uma interrogação que evidencia uma das muitas contradições do sistema escolar.

No projeto pedagógico alternativo, o trabalho manual e intelectual devem ocupar um mesmo nível e ter a mesma importância. Se para se alcançar esse objetivo na escola primária devem ser introduzidas grandes mudanças, no ensino secundário e universitário as transformações devem ser mais radicais ainda. Todos os níveis de ensino encontram-se muito distanciados do trabalho e da produção.

O fato de separar-se tão intencionalmente o trabalho da formação distribuída na escola e o fato de prolongar-se desmesuradamente os anos de escolaridade improdutiva são demonstrações evidentes das contradições flagrantes do sistema escolar dos países subdesenvolvidos, nos quais a educação-trabalho deveria significar "a capacidade criativa do indivíduo frente a uma sociedade em constante transformação, na qual o sujeito possa inserir-se como elemento criador".[5] A educação seria, em conseqüência, uma ação transformadora da realidade, que obrigaria o sujeito à aquisição dos conhecimentos que fundamentam e sistematizam a ação transformadora. É preciso esclarecer que o trabalho socialmente produtivo não deve confun-

---

4. Citado por J. C. Mariátegui em *Cuadernos de Educación*, n.º 26, Caracas, p. 37.

5. C. Food e A. Tobin, *La Escuela Rural Productiva, su Contexto y Posibles Alternativas*. Madri, OEI, monografias sobre educação rural, 1980.

dir-se com as artes industriais, a vida em família, o artesanato etc., que não fazem senão reforçar a dicotomia trabalho intelectual-trabalho manual.

A educação-trabalho procura fazer do trabalho produtivo um elemento gerador da atividade escolar. Procura inserir o estudante dentro das formas de produtividade, de modo que seu trabalho associado resulte em benefícios econômicos que repercutam pelo menos na vida da instituição. É evidente que essa alternativa implica fazer do centro educacional uma "empresa associada de produção", de modo que o ensino-aprendizagem seja um aspecto de todo o processo da integração do estudo com o trabalho produtivo.

Temos que conceber a educação, escreveu Manacorda, como um processo onde coincidam a ciência e o trabalho. O objetivo essencial da educação científica é a omnilateralidade do homem, dado que o homem realiza-se no trabalho. O trabalho é a expressão criadora que encerra as maiores possibilidades de liberdade para o homem. Aprender é não só conhecer como também aprender a fazer. O destino do homem é a criação. Segundo Buber, a liberação das potencialidades do ser humano é a condição prévia da educação. Esta fundamentação básica de todo o processo de realização humana não pode continuar por mais tempo separada da educação. Nossos sistemas de ensino precisam garantir o trabalho e a participação do estudante, se queremos efetivamente alcançar os objetivos mínimos de uma educação para a sociedade que devemos engendrar.

Gramsci afirmava que o trabalho é o elemento catalisador de toda a vida do indivíduo e o meio eficaz para se alcançar um conhecimento exato e realista da natureza. Dificilmente se chegará a conhecer cientificamente e a dominar e transformar a natureza sem um contato real com ela através do trabalho. O estudante deve depreender precisamente da realidade e do trabalho o método científico e o conceito humanista de que necessita para realizar-se como "homem total" na nova sociedade.

Conhecemos muitas experiências de educação para o trabalho (não de educação no trabalho) que fracassaram, mas também conhecemos algumas que estão produzindo magníficos resultados.[6] Muitas

---

6. Há muita literatura a respeito. A Oficina de Educação Ibero-Americana está publicando uma série de monografias sobre o tema, das quais cabe destacar: *La Integración de la Educación y el Trabajo Productivo; La Escuela Rural Productiva, su Contexto y Posibles Alternativas; Políticas de Educación, Empleo y Trabajo Productivo en Cuba.*

delas fracassaram porque "pais e estudantes ressentem-se da escolaridade especificamente delineada para o trabalho e assentamentos rurais, por conter programas intencionamente planificados para manter os estudantes ligados exatamente às condições das quais eles e seus pais desejam escapar".[7] Essas experiências fracassam porque, sendo a educação um problema social, pretendem fazer dela um instrumento de acumulação de capital em detrimento dos próprios trabalhadores. A educação no trabalho deverá ser válida na medida em que desenvolva atitudes que possibilitem a mudança das estruturas sócio-econômicas que hoje escravizam o homem trabalhador. O conflito entre capital e trabalho, longe de solucionar-se, tende a incrementar-se.[8] O trabalho, que deveria ser o instrumento de libertação do homem, volta-se contra ele e o degrada, "prejudicando não só suas forças físicas (o que, pelo menos até certo ponto, é inevitável), mas, sobretudo, menosprezando sua dignidade e subjetividade".[9] Porque devemos partir de uma realidade triste, na qual a grande maioria dos homens trabalha para obter um salário que não lhe dá sequer condições de sobrevivência.[10]

Uma vez mais, temos de reconhecer que esta mudança não virá como fruto da benevolência das classes dominantes, mas está sujeita à participação e organização políticas das classes trabalhadoras, o que implica por sua vez, como condição prévia, a educação no trabalho,

---

7. D. Russel, "Escolarização Formal y Educación para el Trabajo en los Países de Bajos Ingresos". *Educación Hoy*, n.º 27, Bogotá.

8. "Este conflito, interpretado por alguns como um conflito sócio-econômico com caráter de classe, encontrou sua expressão no conflito ideológico entre o liberalismo, entendido como ideologia do capitalismo, e o marxismo, entendido como ideologia do socialismo científico e do comunismo, que pretende intervir como porta-voz da classe operária, de todo o proletariado mundial. Deste modo o conflito real, que existia entre o mundo do capital e o mundo do trabalho, transformou-se na luta programada de classes, empreendida com métodos não só ideológicos mas, inclusive e antes de tudo, políticos" (João Paulo II).

9. João Paulo II, *Laboren Exercens*.

10. "Mais de 120 mil famílias costarriquenhas não obtêm recursos suficientes nem sequer para adquirir os alimentos que formam a chamada cesta básica. Esse número representa 27% do total de famílias. Esse segmento foi definido como composto por grupos de 'extrema pobreza'. O rendimento dessas 120 mil famílias é de 1.500 cólons por mês e, às vezes, até menos. A estimativa revela também que essas 120 mil famílias correspondem a aproximadamente 600 mil pessoas, quer dizer, mais de um quarto da população total do país" (*La Nación*, 12 de outubro de 1981). Na América Latina o número dos que vivem em "extrema pobreza" ultrapassa os 100 milhões de pessoas.

pelo trabalho e para o trabalho. A educação em e para o trabalho, que é inerente à educação política, é dada pela dimensão exata do valor do trabalho e pela conjugação harmônica entre o desenvolvimento pessoal e a prática social. Não pode haver compromisso no trabalho sem um crescimento no plano da consciência; não haverá formação humana do trabalhador se, pelo trabalho, o homem não contribuir para humanizar, ao mesmo tempo, as estruturas sociais, econômicas e políticas. Não devemos esquecer que "o trabalho, enquanto problema do homem, ocupa o centro mesmo da questão social".

"O mérito dos programas que combinam trabalho e escolarização formal é eliminar a brecha entre o trabalho e o estudo, introduzir a disciplina do trabalho e o realismo da produção".[11] É importante comprovar como na educação, no trabalho o estudante descobre por si mesmo objetivos que transcendem os meramente acadêmicos. A atividade escolar, ao comprometer integralmente o educando, se vê livre das pressões do tipo disciplinar e dos estímulos alheios ao próprio processo. Ao estudante abrem-se horizontes mais amplos que os que derivam de um curso no qual ele deve aprender visando uma nota ou um diploma. Além disso, são transcendidas as barreiras da autoridade institucional, supera-se o dogmatismo magistral, desaparecem os ritos e as rotinas escolares, dessacraliza-se a ciência e atualizam-se permanentemente os conhecimentos em contato com uma realidade dinâmica e exigente.

O trabalho manual na escola deve ser entendido como um trabalho não alienante. Em muitas instituições escolares supervaloriza-se o aspecto "pedagógico" do trabalho — verdadeiro pedagogismo — como se existissem valores pedagógicos desconectados da criatividade, da produtividade, do compromisso social e da própria vida. Não será trabalho pedagógico se não gerar pensamento, reflexão e práxis, em síntese, o conhecimento científico. Trabalhar para preencher um currículo ou ser aprovado em um curso é uma atividade alienante e essencialmente antieducativa.

Não se poderá atingir esses objetivos se os próprios professores não modificarem sua atitude frente ao trabalho e não forem capazes de "sujar as mãos". Em um mundo como o nosso, é ridículo pretender educar com um livro de textos, um pedaço de giz e o

---

11. D. Russel, *op. cit.*, p. 40.

verbalismo do educador. O profissional da educação corre o risco de constituir-se em um "parasita social, cúmplice de um sistema endurecido pelos interesses criados por uma sociedade irresponsável e por uma burocracia dócil".[12]

O projeto alternativo fundamenta a educação no trabalho socialmente produtivo. Tanto na educação formal como na informal, é importante diferenciar entre trabalho produtivo e socialmente produtivo. O trabalho socialmente produtivo supõe uma participação plena, consciente e responsável do estudante-trabalhador como integrante do grupo. Não se trata exclusivamente de incrementar a produtividade. Isso não basta. Tampouco programar uma produção sujeita à economia de mercado. É necessário integrar os processos produtivo e organizativo com o educacional. Só assim a participação e a inter-relação do grupo farão do trabalho criador a mais autêntica escola da formação humana e a gênese de uma nova sociedade. Se conseguíssemos como meta, por um lado, a humanização do trabalho, e, por outro, a socialização da produção, "teríamos dado um grande passo em direção ao homem novo: esse homem que trabalha criativamente, que é comunitário e abertamente planetário. Por esse homem vale a pena lutar" (Garaudy).

II. EDUCAR NA CRIATIVIDADE

A escola criativa é a coroação da escola ativa.

A. Gramsci

Como é possível que sendo as crianças tão criativas, inventivas e espontâneas, nós adultos sejamos tão rotineiros, estereotipados e conformistas? Até que ponto a escola tem culpa nesse processo de deterioração humana? Essa escola que não nos estimula a amar a vida não será a responsável pelo fastio e pela falta de criatividade dos adultos?

A criança é por natureza criativa; realiza-se e desenvolve-se como pessoa por meio de sua própria ação. E mais, a necessidade criadora é nela uma necessidade biológica. Impedir essa atividade é desumanizá-la, domesticá-la. O homem expressa-se por suas obras e não

---

12. G. Cámara, "Los Pasos Hacia una Educación Socialmente Productiva". *Educación Hoy*, n.º 9, Bogotá.

pela repetição de arquétipos ou modelos estereotipados e aprendidos. E se faz tanto mais autêntico quanto melhor sabe expressar seu próprio "eu". Sabemos que a autenticidade da ação não atraiçoa. É por isso que apenas um ser autêntico e livre pode ser criador.

Porém, ao mesmo tempo que o homem se constrói a si mesmo na auto-expressão criadora, transforma e constrói o mundo que o rodeia, aumentando e incrementando com ele seu próprio poder e sua vontade de auto-afirmação. Nada mais natural na criança que a expressão de seus sentimentos, desejos, preferências e até de suas fantasias e invenções. Esse é precisamente o segredo que muitos educadores nunca chegam a descobrir, na medida em que estão convencidos de que a ação educacional depende mais deles do que dos educandos.

A expressão criadora é válida não apenas porque carrega implícita a auto-realização do "eu" e a transformação da realidade, mas pela relação direta que guarda com a própria aquisição de conhecimento. "A suprema norma do conhecimento, para Vico, é o princípio segundo o qual nenhum ser conhece e penetra verdadeiramente senão aquilo que ele mesmo cria. O campo de nosso saber não se estende além dos limites de nossa ação. O homem só compreende enquanto cria".[13] Esse é o princípio que nos permite assegurar que a expressão criadora é a que dá sentido à ação educativa. Por isso fundamentamos estas reflexões na hipótese de que a criatividade é um elemento essencial ao processo educativo.

Segundo Rogers, a pessoa atualiza suas potencialidades na medida de sua criatividade. Se cada indivíduo concretiza suas potencialidades próprias por meio de atos criadores, é evidente que o processo educativo não pode estar submetido a estereótipos, a padrões e a normas convencionais e conformistas. De acordo com o grau de sensibilização e problematização, cada pessoa desencadeará um processo criador único e original, graças ao qual serão formuladas hipóteses, se buscarão soluções e se concretizarão e expressarão respostas adequadas e inovadoras.

Segundo o parecer dos estudiosos da criatividade, o desenvolvimento da capacidade criadora no estudante levaria a uma autêntica revolução dos atuais sistemas de ensino. As crianças e os adolescen-

---

13. O. Pignatari, *Información, Lenguaje, Comunicación*. Barcelona, Gustavo Gili, 1977, p. 62.

tes que vivessem permanentemente em um ambiente educativo flexível, original, subjetivo, desinibido, desafiante, informal, motivador, independente, construtivo, rico em sentimentos e emoções, desenvolveriam em si mesmos um processo de mudança e um incremento em sua organização psíquica, que necessariamente daria origem a um novo tipo de homem; um homem diametralmente diferente do homem convencional, conformista e estéril que atualmente sai de nossas salas de aula.

Seria a revolução da educação a partir de seu próprio seio. Estaríamos formando pessoas livres, originais, espontâneas, desafiantes e com a capacidade de recriar permanentemente novas e cada vez mais ricas inter-relações educacionais.

A educação não seria mais a reprodução de modelos, mas sim a invenção perene de formas educacionais muito mais de acordo com as necessidades de uma sociedade futura e imprescindível. O estudante estaria colocado "em pressão genética em direção ao seu destino evolutivo". Essa evolução genética, além de favorecer as "possibilidades criadoras de um ser ontologicamente original",[14] acabaria com as práticas escolares esterilizantes e castradoras. O professor, como disse Lauro de Oliveira, deixaria de ser o depositário do saber — o "sabe-tudo" por profissão — para deixar-se contaminar, da mesma forma que o aluno, pelas múltiplas possibilidades do processo educacional-criador. Visto assim, o processo seria um desafio, uma ruptura e uma opção comprometedora. A escola e a sociedade estariam recriando-se com a recriação mesma do homem. Criar — quer dizer, educar-se — suporia a não-sujeição a formas mecânicas, a hábitos de conduta, a obediência incondicional, a ritos sem significado. Pelo contrário, equivaleria a desenvolver, a inventar, a descobrir novas possibilidades com a alegria e o deleite que produz a transgressão, a festa e o ir mais além do estabelecido. Educar na criatividade é, em síntese, oferecer aos educandos possibilidades de ser, renovadas e permanentes.

Um ambiente de liberdade, espontaneidade e expressividade gera necessariamente novas redes de inter-relações pessoais e de comunicação horizontal entre todos os participantes do processo.

Anteriormente — ou pelo menos paralelamente — ao nascimento da escola criadora, devem mudar as atitudes, especialmente da

---

14. L. de Oliveira Lima, *La Educación del Futuro... op. cit.*, p. 65.

parte dos educadores. A atitude criadora é requisito para a atividade criadora. Foi dito que todos os seres humanos têm a capacidade de criar e que têm o desejo de fazê-lo. Se existem variações nas manifestações criadoras, é porque existem também diferentes oportunidades de desenvolvimento dessas potencialidades. Favorecer as atitudes criadoras significa dinamizar as potencialidades individuais, favorecer a inventividade, a expressão pessoal, a sensibilidade frente a problemas.

O Dr. Rodrigo Zeledón falava, em certa oportunidade, das "marcas" que a família, a escola e a sociedade em geral estampam na psique de uma criança, deixando sinais que impedem o desenvolvimento sadio das capacidades criadoras. John F. Arnold afirma que "todos os indivíduos nascem com um potencial definido e variável para a atitude criadora", e também que as grandes diferenças que se observam na vida real devem-se mais às frustrações que entorpecem um desenvolvimento normal desse potencial do que à limitação pessoal. A compulsividade e a repressão permanentes reforçam a tendência à inércia, à repetição, à submissão e, em última instância, ao silêncio. Mata-se não só a criatividade mas a própria reação normal, a resposta oportuna, em função do que o estudante acaba atuando sem interesse, por estar subjugado e sem opções.

Podemos comprovar no dia-a-dia que a sociedade reprime as crianças com tanta maior violência quanto mais originais elas são. A luta pela existência que levaria o indivíduo a respostas muitas vezes sublimes, segundo Maslow, acaba conduzindo-os à vulgaridade, à indiferença e ao conformismo exatamente em razão das repressões sociais, da falta de cultura, da lei do menor esforço, da ignorância e de muitas outras causas.

Bachelard assinalou-o muito bem ao afirmar que "a omnisciência dos pais, seguida imediatamente em todos os níveis de instrução pela omnisciência dos professores, fundamenta um dogmatismo que é a negação da cultura".[15] A escola e a família não só desfavorecem o desenvolvimento normal da criatividade, como tratam de sufocar sistematicamente o embrião da criatividade e de triturar metodicamente a espontaneidade e a imaginação criadora, mediante os mais diversos meios. Caso assim não fosse, viveríamos "em um mundo povoado

---

15. Citado por R. Gloton e C. Clero em *La Creatividad en el Niño*. Madri, Narcea Ediciones, 1972, p. 59.

de espíritos inventivos ostentando originalidade e engenhosidade; um mundo onde o insólito seria a regra e o surpreendente seria habitual".[16] Mas não: o que a sociedade atual necessita para manter seu *status* e sua divisão de classes são indivíduos moldados, amestrados e "socializados", dispostos a serem incorporados a algumas das "caixas skinnerianas" que a sociedade preparou para eles.[17] Salta aos olhos que as pessoas criadoras, quer dizer, inconformadas, provocadoras, "revolucionárias", sejam uma ameaça à estrutura da sociedade. Assim como as escolas asseguram atualmente a "estabilidade social", da mesma forma a escola criadora provocaria a mobilização e o deslocamento dos conformistas e a aceleração das contradições sociais. Os adultos na sociedade, da mesma forma que a criança na escola, aprendem muito rapidamente que, se querem evitar problemas, se querem ser considerados e aceitos como "gente de bem", têm de submeter-se à burocracia, à disciplina institucional, têm de calar-se e ter paciência.[18]

Pelas razões apontadas, acreditamos que uma escola que nasça do projeto alternativo tem que conceder especial importância ao desenvolvimento das capacidades criadoras do educando. Tem que promover a criatividade, ciente de que o potencial criador só é incrementado desafiando-se o indivíduo diretamente por meio de situações provocadoras e de problemas a serem resolvidos. No incremento dessa capacidade, a educação da sensibilidade e dos sentidos da criança desempenha um papel primordial, levando-a também a um estado de percepção empática, de abertura afetiva, de integração cordial com o mundo que a rodeia e que a obriga a um questionamento e a uma problematização permanentes. Por isso é que de alguma maneira "saber ver", "saber observar", já é uma operação

---

16. *Ibid.*

17. "Os adultos, na verdade, não são gente. São — como Saint-Exupéry disse tão encantadoramente em 'O Pequeno Príncipe' — reis, generais, homens de negócios, geógrafos. Dado que estão definidos e circunscritos pelos papéis que desempenham. Atuam em formas limitadas e repetitivas..." (G. Leonard).

18. "A quintessência da virtude, na maioria das instituições, está contida em uma só palavra: paciência. Se não existisse essa qualidade a vida seria absurda para os que têm de viver nas prisões, para os que passam grande parte de seu tempo nas fábricas, nas oficinas, nas escolas. Em todos esses lugares os participantes têm de aprender a trabalhar e esperar. Até certo ponto têm de aprender a sofrer em silêncio. Se lhes pede que suportem com equanimidade constante a espera, a interrupção e a negação de seus desejos e aspirações pessoais" (P. W. Jackson).

criadora, na medida em que é uma forma de "apoderar-se" empaticamente do objeto. Esta aproximação conotativo-afetiva da realidade que interroga é a motivação tanto da ação como da expressão criadora. Esse ir à realidade e apossar-se dela emocionalmente, e às vezes até fisiologicamente, é um passo metodológico que deve ser integrado ao processo educacional. Desde a pré-escola a criança tem que comprovar que o sentimento e a afetividade desempenham um importante papel em sua formação. A criatividade, em conseqüência, é um expressar daquilo que se tem dentro, é um liberar emocional das próprias emoções. Isto implica que a escola deixe de fundamentar seus métodos pedagógicos na racionalização fria, na lógica e nos modelos formais, porque dessa maneira está constrangindo o desabrochar do ser criador.[19] A lógica não funciona se não estiver fundamentada na segurança do "eu" que se afiança na livre expressão. Schliek escreveu que "a intuição é gozo, e o gozo é vida, não conhecimento".[20]

Por isso é que expressar-se criativamente equivale a liberar o próprio "eu". Na base do desenvolvimento da personalidade, através da expressão criadora, está a espontaneidade que, quando verdadeira e criadora, é gozo, alegria, satisfação e compromisso. Por isso a escola tem de ser o que etimologicamente significa: diversão, satisfação. Enquanto não se atingir esse gozo, essa festa, esse prazer, essa satisfação de ser e de realizar-se, a escola não será o ambiente propício para educar. Não será possível o desenvolvimento da personalidade, já que a alegria e a satisfação na ação são alguns dos mais importantes reforços do ser humano.[21]

Todo homem, e especialmente o jovem, sente a cada instante a necessidade imperiosa de afirmar sua liberdade na expansão gozosa de seu próprio "eu". Essa é uma necessidade vital. Se essa satisfação para criar em liberdade não existisse, se esse ambiente "fes-

---

19. "...o invento da razão foi um modo engenhoso de se interiorizar o látego, posto que o conceito propriamente dito só existe em oposição aos sentimentos, às emoções e aos impulsos... uma grande parte, talvez a maior, da educação de um indivíduo dedica-se a ensinar-lhe a ser menos do que poderia ser..." (Maslow).

20. Citado em *Hacia una Psicología de Libre Expressión*, vários autores. México, Roca, 1978, p. 38.

21. G. Leonard, em *Educación y Éxtasis*, desenvolve amplamente a tese da educação pela satisfação, pelo êxtase.

tivo" não se produzisse, ocorreria inevitavelmente um encolhimento da personalidade, e um apoucamento e uma diminuição do ser. Biológica e psicologicamente o jovem necessita romper os diques que o impedem de ser. Ninguém pode "aprender a ser" em um ambiente que não "permita ser", que não "deixe ser".

Se insistimos na importância da expressão criadora é porque estamos convencidos de que a aprendizagem pelo descobrimento é o caminho seguro não só para a aquisição de conhecimentos mas, sobretudo, para a estruturação e formação da personalidade.

Porém há mais. Temos que enquadrar o projeto criativo nas perspectivas provocadas pelas dimensões sociais. Se assim agirmos, estaremos indo de encontro à resposta político-pedagógica que mantemos como hipótese central deste ensaio. Sob esse prisma podemos afirmar que a expressão criadora é o aspecto diferenciador dos dois tipos de educação que, com diversos matizes, procuramos abordar: a educação que pretende que o estudante assimile a realidade transformando-a e a que faz com que ele "assimile" o mundo copiando-o e reproduzindo-o; a que se baseia em critérios dinâmicos e a que o faz por atos repetitivos; a que promove a expressão e a recriação e a que busca a imitação e a receptividade. Enfim, uma pedagogia fundamentada na criatividade, que inspira confiança, que dá segurança e produz fecundidade, e a que se mantém na repressão, inculca insegurança, provoca fastio e causa a esterilidade. Mediante a primeira o homem se liberta, se dinamiza e se transforma, e, mediante a segunda, o homem se submete e se aliena.[22]

Nossa sociedade, como afirma Rogers, necessita desesperadamente de pessoas criadoras que estejam desenvolvendo permanentemente condutas criadoras. Nosso mundo, cada vez mais robotizado, humanizar-se-á na medida em que as pessoas formulem inteligente e criativamente as soluções dos problemas que nos afligem, satisfaçam-se nessa alegria "que é concomitante à atividade produtiva",[23] sintam a maravilha que é criar e comprovem, com maior freqüência, o prazer inerente ao processo de fazer-se e de perceber-se mais humano.

---

22. "O fenômeno da castração não é algo fictício, nascido da imaginação dos psicanalistas; é a conseqüência de uma educação autoritária e unilateral, tanto na família como na escola" (R. Gloton).

23. E. Fromm, *Ter ou Ser?*, *op. cit.*, p. 116.

III. EDUCAR NA PRÁXIS

> A razão de ser da práxis é o homem.
>
> *E. Nicol*

A opção e o compromisso do docente não se dão no plano teórico. São conseqüência lógica e necessária da práxis. A participação criativa e reflexiva é o meio mais eficaz de se chegar à compreensão e valorização da ação pedagógica. Ao refletir sobre sua prática — que constitui seu problema —, educadores e educandos procuram encontrar sua razão existencial e seu compromisso como sujeitos da história, a qual têm obrigação de transformar mediante sua ação criadora.

"A prática de pensar a prática é a melhor maneira de aprender a pensar justa e corretamente"[24] e, por sua vez, é também o modo mais adequado de melhorar a própria prática. A dialética ação-reflexão condiciona tanto o pensamento como a ação, de modo que ambos os momentos se iluminam, se valorizam e se enriquecem mutuamente. Nem a ação excessiva e mecanizada, nem a mais encantadora teoria conscientizadora, levam à verdadeira práxis. "A consciência", diz Paulo Freire, "não se transforma por meio de cursos e discursos, ou de sermões eloqüentes, mas sim pela ação dos seres humanos sobre o mundo". Supõe a conjunção entre teoria e prática, "na qual ambas vão se constituindo, fazendo-se, em um movimento permanente da prática à teoria e desta a uma nova prática".[25]

A reflexão crítica do educador sobre sua ação, que não redunde em uma ação menor, mina sua consciência até que se vê como uma peça a mais da engrenagem do sistema. Ao não encontrar significado para o que faz, o educador poderia cair em duas posturas igualmente perigosas. Por um lado o desânimo, a indiferença e a passividade. Não é raro encontrar educadores que frente a essa situação reajam com um mecanismo de defesa que consiste em "atribuir o fracasso ao sistema, à instituição e às condições de trabalho", e o que é pior, em aceitar "que o conformismo e a docilidade são mais rentáveis e mais seguros para a prática cotidiana e para o desenvolvimento da carreira profissional".[26] Por outro lado, os mais

---

24. P. Freire, exposição no Simpósio de Persépolis.
25. P. Freire, *Las Iglesias, la Educación y el Proceso de Liberación Humana en la Historia*. Buenos Aires, La Aurora, 1974.
26. J. J. Natanson, *La Enseñanza Imposible, op. cit.*, pp. 44 e 55.

inquietos e ativos talvez promovam novas metodologias, pelo uso mais intensivo de tecnologias apropriadas e a utilização de dinâmicas e metodologias ativas que, ao monopolizar totalmente seu tempo e atenção, "tranqüilizam" sua consciência.

Ambas as posturas — a ação excessiva e o deixar fazer — são conseqüência da falta de reflexão sobre o porquê e o para que da ação educacional. A ausência da práxis converte a educação em mera instrução, faz com que o docente caia em um ativismo pedagógico que desvirtua totalmente os alcances políticos da ação educacional. A educação é práxis, ou do contrário não é educação. Sem práxis, nem o educador nem o educando constituem-se a si mesmos e, ao não integrarem o trabalho produtivo e a ação criadora, tampouco chegam a transformar a realidade. A educação na práxis é portanto uma "ação transformadora consciente" que supõe dois momentos inseparáveis, o da ação e o da reflexão, sendo o primeiro o ponto inicial, na medida em que a ação parte de uma certa consciência e conduz até uma nova forma de consciência, mais esclarecida, mais plena. Podemos dizer com propriedade, portanto, que a educação é o "momento reflexivo da práxis".[27]

A práxis, tal como a concebemos aqui, conduz a "uma certa mística concreta da educação renovada e atualizada, a um humanismo da educação baseado em valores e critérios de criatividade, de iniciativa, de sentido crítico, de liberdade autêntica, de responsabilidade, de participação e cooperação, de serviço mútuo e solidariedade, de democracia vivida na realidade educacional".[28] A enumeração dos objetivos precedentes deixa vislumbrar a transformação radical que sofreria o sistema educacional em conseqüência do processo praxiológico. Educar na práxis desencadearia uma série de efeitos que definiriam o processo, como: a) um ir além da ocupação diária e da periferia das atividades e dos fatos, para se chegar progressivamente à essência dos mesmos; b) uma percepção crítica das possibilidades de transformação da educação e dos meios práticos que devem ser aplicados para tornar realidade essa transformação; c) uma tomada de consciência de que existem outros homens, situados historicamente, capazes de modificar as relações estruturais da instituição educativa. Só a práxis pode dar essa abertura para o outro, fazendo-se assim fator imprescindível do desenvolvimento pessoal e social.

---

27. ILPEC, *Investigación y Evaluación... op. cit.*

28. CIEC, *El Laico Educador Cristiano. Imagem y Misión en el Contexto Educativo de América Latina.* Bogotá, Secretaria Geral do CIEC, 1976.

Toda práxis pedagógica requer um método concreto, dialógico e comprometedor. Concreto porque deve partir da realidade e não pode ocorrer no vazio. Cada aqui e agora, cada situação concreta, cada ação vivida, tem que ser o ponto de partida e o sustentáculo do "momento reflexivo" da práxis.

Dialógico porque vai da realidade à consciência, da consciência à realidade, em um movimento esclarecedor e transformador. Analisa-se uma situação vivida com o propósito de recriá-la de acordo com o novo nível de consciência adquirido. O confronto dialético ação-reflexão é o que dá origem à mudança, tanto do nível de consciência como da estrutura social. Essa mudança supõe, portanto, uma aproximação crítica da realidade. Um conhecimento da mesma. Esse questionamento crítico traz consigo o afloramento de novas situações existenciais que levam o sujeito a uma aproximação reflexiva com a realidade estudada. Os dados lançados por este "estudo situacional" são os que definem os conteúdos, atividades e objetivos de todo o processo. É importante frisar que assim nasce não só o "mundo temático" de que fala Paulo Freire, mas o porquê e o para que de uma realidade que se dá no presente histórico, porém com vistas à sua transformação.

O terceiro passo metodológico é o compromisso que desagua no ato transformador. Sem compromisso não há possibilidade de transformação alguma. Mas partamos do fato de que todo o conhecimento, quando verdadeiro, é transformador, tanto para o sujeito que conhece como para o objeto que é conhecido. Essa é precisamente a prova de sua veracidade. O ato de conhecer é uma atividade do sujeito que consegue objetivar-se e prolongar-se dando ao processo educacional uma historicidade que o constitui como tal. O homem realiza-se na concreção da realidade, quer dizer, na construção da história.

É precisamente esse último momento da práxis que complementa a conscientização do sujeito, na medida que o torna capaz de expressar-se e de expressar o mundo que o rodeia com um significado que lhe é próprio. Esta expressão ou pronunciamento do mundo, como exigência existencial, potencializa-se e atualiza-se através do encontro com outros homens. Por isso a práxis não pode ser individual, como tampouco pode sê-lo a ação transformadora e como não deve sê-lo o processo educativo. Educar-se no trabalho produtivo, na expressão criativa, tem de ser práxis, quer dizer, ação e reflexão comunitária, como base para a ação e a transformação individual e social.

5. EDUCAÇÃO LIBERTADORA

> Em educação, como em tudo, só os homens livres
> podem ser libertos.
>
> *G. Girardi*

A educação libertadora continua sendo uma meta por alcançar, não obstante as muitas e ricas experiências levadas a cabo durante as duas últimas décadas. É possível que os resultados não correspondam aos esforços realizados e aos recursos empenhados, não por culpa dos grupos de educadores comprometidos, mas porque vivemos em um mundo de injustiças onde os sistemas de ensino, mais que libertar os explorados, colaboram com a estrutura dominante. Enquanto as maiorias se virem limitadas na sua liberdade de construção de uma sociedade mais igualitária e fraternal, muito pouco se pode esperar "atuando-se exclusivamente na e sobre a educação".

Assinalamos na primeira parte deste ensaio que a escola como veículo de "socialização" é uma exigência da sociedade de classes. Isto faz com que a libertação, a partir da escola, torne-se difícil, principalmente se os educadores não tomarem consciência de que a promoção da justiça é inseparável da ação educativa.

Ainda que consideremos essas limitações, a escola constitui um espaço onde se pode e se deve promover uma árdua luta pela libertação do homem, sempre e quando tivermos presente que as alternativas pedagógicas serão libertadoras na medida em que estejam integradas a alternativas mais globais. Esta é precisamente a premissa que sustentamos neste ensaio: converter o ato educacional em ativador da mudança e, de algum modo, em "práxis social".

Se educação libertadora significa educar em e para a justiça, no marco da utopia de uma nova sociedade, temos de admitir que o fato educativo tem uma dimensão política que não podemos deixar de lado. Pelo contrário, ela nos obriga a fazer da educação uma militância da e pela educação, para obter pessoas conscientes de que "as injustiças estruturais de nossa sociedade" são a causa da "extrema pobreza e da violação dos direitos humanos". Militância que deve fazer compreender às futuras gerações que enquanto perdurar o "grito — claro, crescente, impetuoso, ameaçador — de um povo que sofre, que pede justiça, liberdade e respeito dos direitos fundamentais",[1] a tarefa educativa "consistirá apenas em capacitá-los para que, eles mesmos, como autores de seu próprio progresso, desenvolvam de uma maneira criadora e original as respostas que os libertem das servidões culturais, sociais, econômicas e políticas que se opõem ao seu desenvolvimento".[2]

A luta pela liberdade e pela justiça são tarefas extremamente exigentes e que vão além do meramente escolar. Onde quer que se lute pela libertação — família, igrejas, sindicatos, partidos — está se fazendo educação libertadora. Se a luta pela libertação humana é a própria essência do processo educativo, é evidente que os problemas pedagógicos são antes de tudo problemas políticos. É por isso que educar significa libertar o homem das estruturas que, política e economicamente, o oprimem e o impedem de ser.

Isto explica por que será válida a alternativa pedagógica que busque e prepare a instauração de um novo sistema social. Deixar de fazê-lo seria "educar" à margem da história. Educar na justiça e na liberdade é concretizar por meio de fatos o projeto alternativo, na esperança de uma sociedade mais livre, mais justa e mais humana.

I. EDUCAR NA LIBERDADE

A liberdade funciona.

H. Read

A educação só é possível na liberdade. Sem liberdade não há educação. Só na livre possibilidade de escolher, o educando constrói sua própria e inconfundível personalidade. Qualquer ambiente educacional — chame-se família, escola, universidade, igreja — tem que propiciar as condições que garantam a tomada de decisão por parte do indivíduo, porque só na livre opção pode ocorrer a responsabilidade e o compromisso.

---

1. Documento de Puebla, n.º 64.
2. Documento de Medellín, p. 93.

Consciente ou inconscientemente, são inimigos desse clima de liberdade os educadores, pais de família, dirigentes e governantes que preferem — porque lhes é mais fácil — um ambiente no qual haja menos espaço para as opções pessoais. Educar na liberdade gera situações não previstas que, exatamente por sua novidade e imprevisibilidade, desconcertam tanto os educadores como os próprios educandos. Refugiar-se na rotina é uma tentação bastante generalizada e fácil, que costuma caracterizar a vida nas salas de aula.

Existem duas atitudes do educador igualmente perigosas para o desenvolvimento harmônico da personalidade do educando: o autoritarismo e o paternalismo. Para efeito de tomada de decisão e, conseqüentemente, para a auto-realização pessoal, é também contraproducente o abuso de liberdade como a chamada "tirania feliz".

Educar na liberdade supõe uma mudança de atitude que implica um novo tipo de comunicação e, por conseqüência, novas e mais ricas inter-relações entre educadores e educandos. Se aceitamos como princípio básico que a liberdade, como forma natural e intrínseca da atividade humana, contribui para o desenvolvimento da personalidade, somos obrigados a depositar nossa fé e nossa confiança na atuação livre e responsável dos demais. A confiança mútua entre educadores e educandos é condição para o êxito do processo educativo.

Quanto ao tratamento da liberdade, creio que é necessário evidenciar a liberdade não só como manifestação subjetiva e voluntária da personalidade, mas, além disso, como resultado das relações concretas do indivíduo e de seu meio social, econômico e cultural. Acredito também que é necessário insistir no argumento de que o educador não pode converter-se em um agente da educação libertadora enquanto continuar acreditando no "mito da liberdade" que seu meio lhe inculcou.

Tampouco pode haver uma prática libertadora (educação em e para a liberdade) sem que o educando e o educador contem com os meios concretos de produção criativa das soluções para os problemas sociais que os afligem. Meios concretos de ordem material, como livros, alimentação, materiais etc., e meios de ordem espiritual, como o desenvolvimento da consciência crítica mediante a práxis dialética etc.

Se nós educadores fôssemos donos da verdade, e tivéssemos plena segurança da validade de nossas fórmulas educativas, poder-se-ia explicar uma relação educador-educando impositiva e vertical. Mas em educação sabemos que existe uma dinâmica própria de cada ser e de cada circunstância, que exige um processo completamente imprevisível. De modo algum podemos ter "respostas" pré-fabricadas, que o educador embora possa conhecer muito bem, de nada lhe servirão se desconhecer as perguntas. Nesse sentido, o educador tem que estar consciente de suas limitações; mais que com a "sua verdade", deve preocupar-se em organizar a liberdade do processo. A verdade será uma conseqüência da comunicação dialógica e da contribuição de todos.

Em muitas mentes adultas existe a idéia de que a disciplina é a melhor medicina preventiva em educação. Inclusive asseguram que a disciplina é a "mestra da vida" e que, portanto, em um centro educacional sem disciplina não pode haver educação. É tido como certo, segundo essa forma de pensar, que a liberdade e a disciplina são antagônicas. Se a liberdade é um processo, a disciplina também o é. Ambos são processos endógenos. Se a disciplina é considerada como um recurso externo ao indivíduo, para obter "educação", recorrer-se-á, necessariamente, à contenção, ao silêncio, à atenção forçada, à incomunicabilidade, à ordem e à obediência. Uma instituição escolar que funciona com esse tipo de disciplina é antes uma fábrica ou um quartel.[3]

A maior parte dos métodos, estruturas, estatutos, regulamentos, planos de estudo e ambiente físico, pensados muito seriamente pelos planificadores dos sistemas de ensino, "põem em risco a iniciativa, a motivação intrínseca, a imaginação, o engenho, a confiança em si mesmo, a liberdade e, finalmente, o sentido comum e a saúde".[4] Nossas metodologias, essencialmente disciplinares, tendem mais a preencher funções que a suscitar modos de ser, mais a cumprir

---

3. "A escola de tipo fabril" foi denunciada profundamente por pensadores de todas as ideologias. A. Toffler, em *Terceira Onda*, diz que "os alunos são condicionados a chegar na escola quando toca a campainha para que, mais tarde, se possa confiar que chegarão à fábrica ou à oficina quando soar a sirene". Fernando Oury e Jacques Pain, em *Crônica da Escola Quartel*, testemunham que "a escola quartel existe, é uma realidade", "não é um conceito, no máximo é uma categoria estrutural". "Pais, estudantes, professores, inspetores, prisioneiros de estruturas burocráticas que ridicularizam vossos esforços, não tolerais por mais tempo a conspiração do silêncio em torno da escola quartel".

4. P. Goodman, *La Nueva Reforma. Un Nuevo Manifiesto Anarquista*. Barcelona, Kairós, 1971, p. 95.

tarefas que a garantir a plena e voluntária participação dos estudantes.[5]

Esse tipo de disciplina gera compulsão e rebelião. É essencialmente antieducativa. Essa não é a disciplina necessária para se educar na liberdade. A disciplina necessária para se educar na liberdade é a que provém da convicção pessoal e das exigências da vida grupal. A que faz do estudante co-partícipe da programação, desenvolvimento e avaliação do processo, e a que o estimula na autoconstrução do seu próprio "eu", na direção de si mesmo de acordo com suas necessidades íntimas, suas inclinações e suas capacidades.

A escola e mesmo a ciência seriam de todo inúteis e estéreis se não promovessem os princípios libertários. A escola dogmática, como a ciência dogmática e a verdade dogmática, desestimula o processo e a busca de soluções para tantos problemas que se opõem à nossa realização pessoal.

A liberdade e a responsabilidade não são conflitantes, pelo contrário, a imposição e as relações autoritárias é que tornam impossível a participação responsável. "A liberdade, muito mais do que as leis e as rotinas, torna a pessoa responsável".[6] Em educação, da mesma forma que em outros processos sociais, o objetivo fundamental deveria ser alcançar o autogoverno, a auto-realização e a liberdade responsável e comprometida.

Paul Goodman diz que uma sociedade que distribui amplamente o poder é aparentemente conflituosa, mas basicamente estável. O mesmo deve ser dito dos processos educacionais. Mais que canalizar o desenvolvimento do ser humano, é preciso romper os diques que sufocam, condicionam e às vezes estrangulam as possibilidades de ser.

A liberdade, como característica de toda experiência alternativa, favorece, estimula e promove a realização da pessoa; consegue abrir uma por uma as portas de entrada para o futuro; desperta nos estudantes a força para explorar, para abrir caminhos, para inventar

---

5. "Não receio escandalizar alguns pais ao dizer que a pedagogia autoritária, que eles conheceram, talvez seja capaz de fabricar 'grandes cérebros', mas geralmente fracassa na formação de homens" (G. Lapassade).

6. I. Illich e outros, *Un Mundo sin Escuelas*. México, Nueva Imagem, 1977, p. 170.

futuros, enfim, estimula-os a aprender e faz da aprendizagem uma aventura.[7]

Para conquistar esse tipo de liberdade é preciso remover muitos obstáculos institucionais que impedem o estudante de sentir-se à vontade na escola.

A liberdade que desejamos para uma sociedade democrática é a que deve ser vivida a plenos pulmões pelos estudantes dentro das instituições educacionais. As estruturas, normas e regulamentos deverão ser gerados pelo grupo, na medida em que a vida e o crescimento assim o exijam. Serão conseqüência do processo, nunca sua condição.

O que é preciso é um ambiente educacional onde pela satisfação de ser e de realizar-se, esteja garantida ao estudante sua plena participação. Se a realização da pessoa é mais fácil na confiança, na estima, na entrega e no amor, não há razão para submeter os estudantes a situações adversas. Se "o desenvolvimento pessoal é em si mesmo um processo gratificante e excitante" (Maslow) temos que deixar a criança explorar, escolher, perceber e participar com liberdade. Dessa forma o educando poderá satisfazer suas necessidades psicológicas básicas: a livre eleição, a independência, a espontaneidade, o interesse, a autodisciplina, o prazer do trabalho e a aprendizagem.

Educar na liberdade supõe portanto novas estruturas educacionais, inter-relações pessoais mais ricas, formas inovadoras de percepção, participação e expressão. Só assim serão acrescentadas e florescerão possibilidades de ser inéditas e originais. Estruturas que, ainda que mais difíceis, são as únicas que podem garantir o alcance desse homem livre, crítico e criador; meta fundamental do projeto alternativo.

Aceitemos, para terminar, que o "medo da liberdade", o temor que nos confunde, é um risco que temos de correr.

---

7. "À criança nada agrada tanto quanto aprender. Apesar disso, seu professor pode cair em um erro comum: acreditar que tem mais a ensinar à criança do que esta pode ensinar-lhe. Pensando assim, é provável que estabeleça — com a maior boa vontade do mundo — limites às percepções da criança, que canalize sua torrencial imaginação por vias estreitas e predeterminadas e que, em pouco tempo, faça de um estudante mentalmente livre, um cachorrinho bem-educado" (G. Leonard).

II. EDUCAR NA JUSTIÇA

> Uma das raízes profundas destes fatos é a vigência de sistemas econômicos que não consideram o homem como o centro da sociedade e não realizam as mudanças profundas e necessárias para uma sociedade mais justa.
>
> *Documento de Puebla*

Na Costa Rica, da mesma forma que em outros países do continente, salta aos olhos, mesmo que se tenha pouco interesse em perceber a realidade, a existência de, por um lado, grupos privilegiados que gozam do máximo de bens e recursos e que encamparam o poder econômico e político e, por outro, uma imensa massa de marginalizados que vive em condições miseráveis. Essa marginalização e miséria, em termos de educação, é de extrema gravidade, na medida em que o marginalizado encontra-se radicalmente incapacitado de pôr fim, por si mesmo, à extrema miséria em que vive. Isto faz com que a marginalização seja a raiz de muitos outros problemas, que levam à aniquilação e à destruição daquilo que há de mais essencial no homem como pessoa.

Para efeito deste ensaio, importa sublinhar alguns traços desse homem marginalizado, já que as experiências alternativas têm como meta o tipo de educação que mais o favoreça e mais o ajude a sair de sua marginalização.

Falou-se do marginalizado como de "outro homem", com valores e atitudes distintas, aspirações insatisfeitas, capacidades diminuídas e brutal submissão a estruturas injustas que tornam impossível sua mais elementar participação social.

A extrema pobreza em que vive a maioria cada vez mais crescente de nossos povos traz como conseqüência seres inferiores social e culturalmente, incapazes de sair de seu estado de prostração. O homem marginalizado, pela sua própria situação sócio-econômica, é um homem dominado e oprimido. "Oprimido na medida em que não lhe é possível decidir sequer sua vida e seu futuro; subjugado culturalmente porque foram reprimidos, quando não violados, seus valores mais profundos, sua visão de mundo, suas formas de vida e até seus costumes populares".[8]

---

8. Documento final. Seminário sobre Metodologia para uma Pedagogia Libertadora na América Latina, Lima, 1970.

As desigualdades sociais e as graves situações de injustiça são hoje demasiado patentes para passarem despercebidas pela grande maioria de suas vítimas. Essas desigualdades excessivas que fazem com que poucos tenham muita cultura, riqueza, poder e prestígio e muitos tenham pouco, mantêm-se graças a um sistema de ensino que não é senão uma réplica dessas mesmas desigualdades. Essa acumulação de riqueza, poder, cultura e educação tem como premissa a sujeição, a repressão e a exploração das maiorias.[9]

As formas de exploração são variadíssimas: discriminação, fome, desemprego, abuso de poder, dominação econômica, social, política, cultural e, em certas ocasiões — desgraçadamente muito freqüentes —, tortura, violência e morte. O homem pelo simples fato de existir tem, como algo inerente à sua própria natureza, o direito de desenvolver-se como pessoa e, se a extrema pobreza, a exploração, a injustiça e todas as demais formas de dominação que acabamos de enumerar obstaculizam esse direito, é evidente que deve reagir lutando contra todas as formas de exploração humana. Tem que reagir "contra a degradação do homem como sujeito do trabalho e contra a exploração paralela e extraordinária no campo do lucro, das condições de trabalho e dos privilégios em detrimento do trabalhador".[10]

Frente a uma situação tão deplorável, é incongruente e chocante que os próprios sistemas educacionais sejam utilizados como elementos mantenedores e fortalecedores de uma situação tão injusta. O problema, em muitos dos nossos países, não é ter "um déficit crônico de escolas e um equivalente superávit de analfabetos, mas sim o fato de essas escolas terem configurado um homem para impor e aceitar a submissão como realidade fatal e irrecorrível".[11] A comprovação dessa crua realidade deve obrigar os educadores a um compromisso de consciência — que ao mesmo tempo é compromisso político — que os estimule a fazer de sua escola um centro de conscientização, de "práxis social" e de luta contra a injustiça.

---

9. "O mundo encontra-se prisioneiro de uma rede de dominações que constituem um sistema de exploração do homem pelo homem, de certas nações por outras, de opressão das massas populares por uma minoria que acumula a riqueza e o poder e que explora, para seu proveito exclusivo, o fruto do trabalho de todos" (Sínodo dos Bispos, Roma, 1971).

10. João Paulo II, *Laboren Exercens*.

11. D. Restrepo, "Una Educación para la Sumisión". *Educación Hoy*, n.º 3, Bogotá.

Essa conscientização e essa opção político-pedagógica é, a nosso ver, a condição necessária para fazer de toda experiência alternativa um processo liberador. É inadiável orientar a educação para a promoção da justiça. Educar na justiça envolve, por parte dos educadores e dos educandos, adoção de valores diametralmente opostos aos valores da ideologia dominante, como "adquirir, possuir e lucrar".

Portanto, como requisito básico para educar na justiça impõe-se uma retificação desses falsos valores. Em outras palavras, não se pode educar na justiça sem uma grande clareza sobre as causas produtoras da miséria humana, da injustiça e da opressão. Só assim, pela adoção de novos valores, poder-se-á organizar todo o trabalho educativo para conseguir despertar a faculdade crítica e detectar as causas estruturais da injustiça; sacudir as consciências adormecidas com o propósito de que saibam reagir frente a elas, e formar homens novos, decididos e capazes, que sejam agentes eficazes da transformação social. O alcance desses objetivos afeta não tanto os conteúdos quanto o espírito que deve impregnar todos e cada um dos fatores educacionais: "planos e programas de estudo, sistema administrativo, atuação dos docentes, espaço físico e demais recursos da aprendizagem".[12] Devemos saber saturar o ambiente, as disciplinas, as relações, as atividades e tudo quanto façamos na instituição escolar, desse novo espírito e da vontade de mudança, de modo que gerem um clima educacional a partir do qual se possa contribuir para aproximar o advento de uma sociedade justa.

Nessa ordem de idéias, a educação é um esforço de ruptura difícil e com freqüência doloroso como saída para tantos condicionamentos com os quais se mantém prisioneira do sistema educacional. A educação na justiça nos obrigará a abrir as portas da ordem estabelecida para que a "educação prática realize-se mediante a ação, a participação e o contato vital com a realidade da injustiça".[13] Devem ser enfocados e julgados os problemas reais que nos oferece o imenso laboratório da sociedade; com sua crueza e realismo, têm que servir como núcleos geradores de um processo que levará estudantes e docentes a encontrar as soluções que signifiquem o compro-

---

12. CIEC, *Metodología para una Educación en la Justicia*. Documento preparatório para o XIII Congresso Interamericano de Educação, julho de 1979, São Domingos, República Dominicana.

13. *La Justicia en el Mundo*, Sínodo dos Bispos, Roma, 1971, p. 19.

misso pessoal e a participação ativa na gestação de uma nova sociedade.

Educar na justiça é uma maneira de viver e de estar no mundo, de modo a estarmos aptos não só para a denúncia crítica das injustiças, mas dispostos a envolver-nos com as suas soluções. Transformação do homem e compromisso com o advento de uma sociedade mais justa são dois aspectos de um processo educacional que exige do educador um compromisso radical.

Essa tarefa, séria e urgente, torna-se tanto mais difícil na medida em que a legitimação e a reprodução dessa sociedade injusta ocorre, entre outras estruturas, pelo sistema de ensino. São precisamente os docentes, por sua carência de sentido social, de justiça vivida e de solidariedade para com os mais necessitados, os que constituem os instrumentos de tão lamentável situação.

Uma das tentações mais freqüentes, diante das quais muitos docentes costumam sucumbir, é a recorrência a uma suposta "neutralidade", deixando as coisas exatamente como estão. Não se arriscam a denunciar as estruturas injustas com medo de serem rotulados de "subversivos" e também com medo das conseqüências que isto possa trazer. Preferem as recompensas pessoais e "sociais" de um silêncio cúmplice. Mais uma vez, o docente é vítima do sistema.

É precisamente a falta de educadores socialmente comprometidos o obstáculo mais sério para se colocar em marcha as experiências alternativas. O educador tem de tomar o partido da justiça; se não o fizer, não é educador. A educação na justiça e pela justiça não é algo que dependa do querer ou não querer das pessoas, é uma exigência inerente à atual estrutura social.

III. EDUCAR NA ESPERANÇA

> O momento profético é um momento necessário de toda pedagogia, bem como de toda ação revolucionária.
>
> *R. Garaudy*

Diz W. Capps que o futuro que nós homens teremos será aquele que desejarmos. Não se trata de preparar-se para o futuro, segundo a tese de A. Toffler, mas de criar futuros. É evidente que para a criação de futuros a educação tem a carta mais importante. "O porvir está nas mãos de todos, mas muito especialmente nas mãos dos educadores porque, por sua influência criadora, é factível a eleição e a determinação de um futuro melhor. Em educação não podemos esquecer que futuro é presente".[14] Aqui aparece em todo o seu realismo e legitimidade o projeto alternativo em educação.

O futuro, com um potencial insuspeito, está altamente presente já que, durante anos nos centros de ensino, procura-se formar o cidadão de amanhã. Nesse sentido educação é um processo direcionado ao porvir, processo que será válido não só na medida que realizar o maior número de metas e propósitos, mas pela riqueza e criatividade com que for vivido em cada um de seus instantes.

A validade do processo educativo guarda uma direta relação com a possibilidade de modificar-se profundamente os modelos de vida existentes, na esperança de um futuro melhor.

A pedagogia, por estar assentada muito mais em processos que em objetivos, encerra como a própria vida os grandes riscos e incertezas que nos impulsionam intencional e vitalmente para o futuro. Esse preparar o presente na esperança constitui a aventura humana mais transcendente e que, por si só, explica a importância do sistema educativo.

Convém destacar o significado e o valor que as instituições educativas têm na orientação e reorientação do processo de atualizar futuros amalgamando presentes. O presente antecipa o futuro, não só no lógico e racionalmente planificado, mas na forma como cada indivíduo o vive. A vivência comprometida e apaixonada do presente engendra futuros insuspeitos. A história das grandes e pequenas façanhas os confirmam.

Se a escola tradicional está assentada no passado, o que explica sua imediatice, o projeto alternativo deve recuperar o valor da esperança, do desejo, da confiança e até da ilusão de um futuro que depende não tanto da razão quanto da totalidade do ser humano, que com freqüência intui o melhor sem conseguir explicá-lo. Durante os anos de formação, o estudante deve gozar de suficiente liberdade para poder viver apaixonadamente o presente em função do futuro. Impedir que se busque no amanhã, sufocando-se a fluidez e a criatividade no presente, é fazer da educação um processo necrófilo. A espontaneidade, a flexibilidade, o dinamismo, a vitalidade, a criati-

---

14. F. Gutiérrez, *La Costa Rica del Año 100*. San José, Costa Rica, Ministério de Cultura, Juventud y Deportes, p. 381.

vidade e o instinto constituem componentes-chaves do processo educacional. Essas possibilidades abrem horizontes insuspeitos para futuros muito mais ricos e humanos do que aqueles produzidos pela civilização cristã-ocidental, excessivamente conceitualista e tecnocrática. O sistema de ensino está contribuindo poderosamente para dar ao homem uma só direção. "Em semelhante concepção unidimensional, o espírito fica reduzido à mera inteligência. Nem o amor, nem a fé, nem a poesia têm valor nele".[15] O artista e o profeta não têm lugar em nossa sociedade e, sem dúvida, ninguém está capacitado como eles para inventar futuros e, conseqüentemente, para ser um autêntico educador.

Ainda que o trabalho educacional exija que olhemos cheios de esperança para o futuro, devemos fazê-lo na medida em que isto nos permita modificar o presente. Em educação não se deve perseguir objetivos e metas de modo crônico e rotineiro, mas realizar-se dando plena significação a cada momento presente. Não se trata tanto de alcançar fins quanto de criá-los. "Os fins constituem o horizonte de cada ação, mas um horizonte sempre móvel, sempre em nascimento, já que esse horizonte, ou esses fins, engendram-se na ação, e assim os fins não podem pretender uma perfeição maior que os meios postos em prática".[16] Em síntese, trata-se de modificar os fins em um aperfeiçoamento permanente do presente.

Educar na esperança não consiste apenas em substituir uma dominação por outra, mas em fazer com que brotem "valores sociais radicalmente novos, que garantam a autonomia e a responsabilidade de cada um, para que de objeto se passe a sujeito da história, a criador pleno do futuro de todos".[17]

Uma das dificuldades de nossas esperanças e propósitos provém do fato dos educadores não compreenderem nem valorizarem, em sua dimensão real, o mundo que nós, adultos, criamos para as novas gerações. Sentimo-nos como peregrinos caminhando por uma terra estranha, segundo expressão de M. Mead.

Alguns grupos conservadores sustentam a tese de que, para sobrevivermos como humanos, é preciso que restauremos as heranças, as tradições e os valores de nossos antepassados. Segundo eles, a

---

15. R. Garaudy, *Diálogo de las Civilizaciones, op. cit.*
16. *Ibid.*, p. 195.
17. E. Block e J. Moltmann. *El Futuro de la Esperanza.* Salamanca, Ed. Sígueme, p. 111.

sociedade encontra-se em uma crise profunda da qual só poderá sair voltando-se para o passado. "O futuro, asseguram, só pode surgir do passado, pois é este quem dá forma ao presente". Os grupos progressistas, ao contrário, acham que a "humanidade deve inventar um futuro a partir do desenvolvimento de estruturas, linguagens e simbologias adequadas ao nosso novo mundo".

Essas duas percepções da realidade social, brevemente apresentadas, envolvem logicamente enfoques educativos diametralmente opostos. Os partidários da idéia de se remediar a crise recorrendo ao passado — tendência bastante generalizada entre os educadores — não parecem especialmente preocupados com o futuro. Talvez estejam esquecendo que as possibilidades e riquezas do passado são valores apenas na medida em que podem enriquecer e vitalizar o presente. "O futuro realiza-se a si mesmo na história e como história, e ao transcender todas as suas realizações históricas, converte-se mais uma vez em futuro; o que chamamos história é o elemento do futuro, o campo experimental do futuro".[18] De fato a categoria normativa para uma compreensão histórica da realidade não pode ser o passado, mas sim o presente em função do futuro. O passado só é modelar enquanto nos ajuda a entender, enriquecer e realizar o presente. Em síntese, uma educação em função do futuro significa responder acertadamente, e com compromisso, a todas as questões propostas pela sua invenção.

Se a educação é tanto mais histórica e mais válida quanto mais fortemente o futuro influi no presente, então de que maneira a educação pode ser um forte impulso para criar futuros? Em primeiro lugar, substituindo as categorias teóricas e a pedagogia abstrata pelo estudo da realidade, pelo trabalho e pela ação sobre essa mesma realidade. Nossa relação com o futuro, diz J. B. Metzm, deve ser operativa. À atitude passiva e receptiva devemos opor a ação criadora. Contra a obediência temos de opor o inconformismo; contra a aceitação e a sujeição, a percepção inquisidora; contra a passividade receptiva, o pensamento crítico, a imaginação criadora e a ação transformadora. Se até agora, repetindo Marx, temos nos limitado a interpretar o mundo, doravante temos a obrigação de transformá-lo.

Em segundo lugar, se nos propomos a preparar homens para o não existente, é imprescindível despertar no educando e no educador

---

18. R. Garaudy, "Palabra de Hombre". Madri, *Cuadernos para el Diálogo*, 1977.

atitudes e valores que não se encaixam na pedagogia tradicional. Contra um "presentismo" aborrecido, o educador deve opor uma atitude visionária e profética. Contra um espaço e um tempo atomizados, o estudante deve viver um ambiente estimulante e totalizador.

Para educar o homem novo, em devir e atualizado no ato, temos de olhar para esse mundo possível que se faz, se transforma e se constrói conosco. Conseqüentemente, educadores e educandos têm obrigação de fazer com que realidades inexistentes existam. Trata-se de enfrentarmos, de forma dialética, um mundo inacabado e aberto. Devemos ser protagonistas, fazedores de história e co-responsáveis por um mundo que, sem a nossa colaboração, ficaria por terminar.

A educação na esperança consiste portanto em uma fecundação plena e audaz como utópica exigência para uma humanidade melhor; em um tornar visível o invisível pela permanente superação do presente; em uma ruptura da realidade mediante a busca do absoluto; em um movimento sem fim até o inacabado; na prioridade da subjetividade e da imaginação criadora; em uma linha de força que dá sentido e plenitude à epopéia humana.

Educar na esperança é divisar e imaginar a utopia, pressuposto de uma nova ordem, de uma sociedade diferente, na qual seja possível a afirmação, a libertação e a recriação do ser. Essa utopia distancia-se na medida que nos aproximamos dela, e sem dúvida, talvez por isso mesmo, seja o sustentáculo de nossa ação, "ainda que sirva apenas para nos ajudar a julgar a alienação em que vivemos, fonte de provocação, ruptura, abertura, transcendência e fé. É a convicção profunda que orienta e penetra, que constrói e vive. É a fé que engendra uma nova dimensão da existência humana, um compromisso militante na construção de uma sociedade mais humana, um fenômeno do projeto de fazer novos firmamentos e uma nova Terra". É a força transformadora que complementa com exigências absolutas a responsabilidade social e política que todo indivíduo tem. "É por isso" — afirma G. Gutiérrez — "que a esperança cumpre uma função mobilizadora e libertadora da história".[19]

Sejamos cristãos ou não, esta fé é o fundamento de nossa esperança e a certeza ativa e militante de que tudo é possível na companhia da força profética e do fermento de um mundo novo e de um homem livre e criador.

---

19. G. Gutiérrez, *Teología de la Liberación*. Lima, CEP, Editorial Universitária, p. 271.

É isto que buscamos no processo de educar na esperança. E por isso acreditamos que é muito mais educacional movimentarmo-nos no mundo das possibilidades que no mundo das existências que dão forma à asfixiante divisão de classe. Temos que considerar o mundo como uma tarefa para a qual não há modelos. É um caminho para ser feito pelo próprio caminhar. A história de cada homem e de cada povo é única e irrepetível. A juventude, que está plena de futuro, de esperanças e de profetismo, quer viver intensamente essa história cheia de riscos.

Educar na esperança supõe, antes de tudo, o novo conceito de homem que desejamos para a sociedade do futuro. "Um homem que se define pelo seu porvir, quer dizer, por suas possibilidades",[20] como um movimento aberto em direção ao futuro, dentro de um oceano de possibilidades. A educação será tanto mais válida quanto mais ajudar cada indivíduo nessa tarefa de tornar real o projeto que cada um é, como a melhor forma de concretizar o projeto histórico. Na medida em que façamos surgir educadores-profetas, a educação recuperará o sentido histórico que sempre devia ter tido; e o recuperará porque o espírito profético da nova educação irromperá na história com uma força irresistível, como os grandes movimentos proféticos, antigos e modernos, que ajudaram as massas populares a tomar consciência de sua opressão.

A esse homem que se educa na esperança, não devemos contrapor mecanicamente as "leis científicas" que o mesmo homem inventa sob o pretexto do progresso. Agir assim seria converter o educando em objeto e não em sujeito de sua realização humana. Não devemos esquecer, em nome da ciência e do progresso, que o homem é um ser transcendente, quer dizer, com capacidade de superar o presente mediante a realização de possibilidades. "A transcendência é o primeiro atributo do homem... que consegue atingir pelo seu trabalho — precedido pela consciência de seus fins — o aparecimento do novo".[21] Supera a realidade atual e converte em presente o futuro desejado.

É precisamente nessa perspectiva de transcendência que a dimensão do educador recupera o sentido. "Cada vez que somos capazes de vencer e romper com nossa rotina, com nossas resignações, com nossas complacências, com nossas alienações relativas

---

20. R. Garaudy, "Palabra de Hombre", *op. cit.*, p. 207.
21. *Ibid.*, p. 219.

à ordem estabelecida e à nossa individualidade mesquinha, na medida em que ocorre tal ruptura, levamos a cabo um ato criador", pelo qual nos superamos a nós mesmos e nos fazemos criadores do nosso porvir, que é o porvir de todos.

Educar na esperança é fundamentar a educação na transcendência do homem, nos valores de seu espírito, em sua interioridade, em sua consciência. A pedagogia tradicional fez-se prisioneira da trama de um racionalismo estéril. Supervalorizou a razão, o abstrato, o lógico e o objetivo, em detrimento do ato criador.[22]

Pretendeu-se educar a pessoa de uma maneira impessoal. Assim, não é de admirar que esta "pedagogia racional" tenha se convertido em uma docência asséptica, em uma transferência impessoal de conhecimentos. O processo educativo — se o for de verdade — tem de partir de profundas motivações pessoais. Tem de ser resultado de um impulso que nasce no interior do indivíduo e que põe em jogo suas potencialidades: percepção, interesse, admiração, crítica, criatividade... Utilizar a razão, a linguagem verbal, a abstração, a lógica aristotélica como formas habituais de aproximação da realidade é desconhecer os princípios mais elementares do que é o homem, de suas formas de conhecimento, de seus valores, interesses e problemas.

A persistência em separar — e manter separados — o pensamento do sentimento afundou o sistema de ensino em um desastroso fracasso. Erich Fromm diz que a supremacia do pensamento manipulador e cerebral atrofia a vida emocional. "Como as emoções não são cultivadas, nem são necessárias, mas constituem um estorvo para um funcionamento ótimo, permanecem sem se desenvolver e não amadurecem além do nível infantil". O fato de não se cultivar nem emoções, nem sentimentos, nem auto-estima, impede que se consiga despertar o interesse em compreender e conhecer a realidade. A falta de reações emocionais pode ser uma das grandes lacunas que invalidam o ato educacional a partir de sua própria base.

Não há nenhuma explicação racional — a não ser as necessidades ideológicas do sistema — para que se elimine sistematica-

---

22. "As abstrações, na medida que são úteis, são também falsas. Perceber um objeto de forma abstrata significa perceber apenas alguns de seus aspectos. Isto explica claramente a seleção de alguns atributos, o descarte de outros e a criação ou distorção de terceiros. Fazemos do objeto o que queremos. Nós o criamos. Nós o fabricamos" (Maslow).

mente do processo educativo emoções humanas básicas tais como a intuição, a empatia, a autenticidade, o afeto, a entrega, o prazer, a alegria, o amor, a auto-estima etc. Se o ato de conhecer — a aprendizagem como mudança da pessoa — é um processo ativo que consome muita energia, de modo algum ele pode ser motivado e alimentado por princípios puramente racionais. Se isso não ocorre no adulto em sua vida normal, muito menos na criança e na anormalidade da divisão de classes.

O ser tem que participar integralmente do ato de conhecer. A capacitação da realidade, a apropriação do mundo, é antes de tudo um ato humano que se concretiza na integração do subjetivo e do objetivo. Nessa assimilação da realidade pelo sujeito, a realidade enriquece o sujeito e o sujeito enriquece o objeto. Mais que um ato de conhecimento, é um ato criador, uma relação dialética, graças à qual se humaniza o objeto e se objetiva o sujeito. Essa apropriação da realidade pelo sujeito, esse crescimento pessoal, essa aprendizagem — para utilizar um termo clássico — é o que chamamos educação.

Mesmo que o ideal educacional aponte em direção à integração sujeito-objeto, dentro do âmbito de nossa cultura e no momento histórico atual, é mais importante — como indica Maslow — privilegiar a espontaneidade, a interioridade, a subjetividade, a capacidade de expressão, a criatividade e a transcendência.

Em resumo, fundamentar a educação na esperança é fazer do homem o eixo central do processo; é ocupar-se dele como "o ser que se vai criando a si mesmo sem nenhum limite"; é penetrar no futuro para que se nos ilumine o presente; é recriar permanentemente os fins; é sustentar todo nosso esforço nas possibilidades criadoras que existem em todo homem e acreditar nessas potencialidades; é concretizar utopias e realizar esperanças; é, enfim, criar um novo homem e uma nova sociedade.

Atingir estes objetivos é tornar real "o projeto esperança",[23] não tanto em nível individual mas em nível social, por meio de uma modificação profunda dos estilos de vida, da ruptura da lógica de uma sociedade irracional e da adoção de um modelo de crescimento centrado no homem.

---

23. Em seus livros *Una Nueva Civilización*, R. Garaudy nos diz que *El Proyecto Esperanza* é o "manifesto" dessa nova era.

NOVAS BUSCAS EM EDUCAÇÃO
VOLUMES PUBLICADOS

1. *Linguagem Total* — Francisco Gutiérrez.
2. *O Jogo Dramático Infantil* — Peter Slade.
3. *Problemas da Literatura Infantil* — Cecília Meireles.
4. *Diário de um Educastrador* — Jules Celma.
5. *Comunicação Não-Verbal* — Flora Davis.
6. *Mentiras que Parecem Verdades* — Umberto Eco e Marisa Bonazzi.
7. *O Imaginário no Poder* — Jacqueline Held.
8. *Piaget para Principiantes* — Lauro de Oliveira Lima.
9. *Quando Eu Voltar a Ser Criança* — Janusz Korczak.
10. *O Sadismo de Nossa Infância* — Org. Fanny Abramovich.
11. *Gramática da Fantasia* — Gianni Rodari.
12. *Educação Artística* — luxo ou necessidade — Louis Porches.
13. *O Estranho Mundo que se Mostra às Crianças* — Fanny Abramovich.
14. *Os Teledependentes* — M. Alfonso Erausquin, Luiz Matilla e Miguel Vásquez.
15. *Dança, Experiência de Vida* — Maria Fux.
16. *O Mito da Infância Feliz* — Org. Fanny Abramovich.
17. *Reflexões: A Criança — O Brinquedo — A Educação* — Walter Benjamim.
18. *A Construção do Homem Segundo Piaget* — Uma teoria da Educação — Lauro de Oliveira Lima.
19. *A Música e a Criança* — Walter Howard.
20. *Gestaltpedagogia* — Olaf-Axel Burow e Karlheinz Scherpp.
21. *A Deseducação Sexual* — Marcello Bernardi.
22. *Quem Educa Quem?* — Fanny Abramovich.
23. *A Afetividade do Educador* — Max Marchand.
24. *Ritos de Passagem de nossa Infância e Adolescência* — Org. Fanny Abramovich.

25. *A Redenção do Robô* — Herbert R'ad.
26. *O Professor que não Ensina* — Guido de Almeida.
27. *Educação de Adultos em Cuba* — Raúl Ferrer Pérez.
28. *O Direito da Criança ao Respeito* — Dalmo de Abreu Dallari e Janusz Korczak.
29. *O Jogo e a Criança* — Jean Chateau.
30. *Expressão Corporal na Pré-Escola* — Patricia Stokoe e Ruth Harf.
31. *Estudos de Psicopedagogia Musical* — Violeta Hemsy de Gainza.
32. *O Desenvolvimento do Raciocínio na Era da Eletrônica* — Os Efeitos da TV, Computadores e "Videogames" — Patrícia Marks Greenfield.
33. *A Educação pela Dança* — Paulina Ossona.
34. *Educação como Práxis Política* — Francisco Gutiérrez.
35. *A Violência na Escola* — Claire Colombier e outros.
36. *Linguagem do Silêncio* — Expressão Corporal — Claude Pujade-Renand.
37. *O Professor não Duvida! Duvida!* — Fanny Abramovich.
38. *Confinamento Cultural, Infância e Leitura* — Edmir Perrotti.
39. *A Filosofia Vai à Escola* — Matthew Lipman.
40. *De Corpo e Alma* — o discurso da motricidade — João Batista Freire.
41. *A Causa dos Alunos* — Marguerite Gentzbittel.
42. *Confrontos na Sala de Aula* — uma leitura institucional da relação professor-aluno — Julio Groppa Aquino.

IMPRESSO NA

sumago gráfica editorial ltda
rua itauna, 789   vila maria
02111-031   são paulo   sp
telefax 11 **6955 5636**
sumago@terra.com.br

G R Á F I C A
sumago